花緑の幸せ入門

「笑う門には福来たる」のか？

～スピリチュアル風味～

柳家花緑

竹書房新書

043

装幀／米谷テツヤ
本文デザイン／安野淳子・白根美和
構成／伊藤寛純
編集／辻井清・加藤威史・中山智映子
カバー・本文写真／鈴木広一郎
本文写真／加藤威史
写真提供／株式会社Me&Herコーポレーション

協力／株式会社Me&Herコーポレーション・国立演芸場・新宿末廣亭・龍&アニキ・西本クリニック 西本真司・筑波大学名誉教授 村上和雄・今井麻夕美・安藤則夫

目次

第二章

「門には」……99

第三章

「福」

第四章 「来たる」……219

まえがき

「笑う門《かど》には福来たる」。

よく聞くことわざですよね。これ改めてどういう意味？　って聞かれたら皆さんはどう答えますか？

「だから、笑っていると福が舞い込むんだろ？　しかめ面しているより、そりゃ笑っているほうがいいに決まっている、そういうことだろ？」

と、こんなふうに答えている人の声が聞こえてきそうです。そうですよね、笑っていれば福がくる。きっとそうでしょう……。

ですが、ことわざの意味が「絶対か？」って言われたら、いやいや絶対とかそんなこと追及されても私は困りますよ……。

一般論としてよく言うじゃないですか？　「笑う門には福来たる」って。

「じゃ嘘《うそ》なの？」

「……いやいや、嘘とか……嘘じゃないと思いますけど……」

「じゃ本当？」

「本当って、はい、本当なんじゃないですか……」

「その根拠は？」

「根拠？……」

「だって、笑っているだけで、福が舞い込むんなら、誰も働かないでしょ？　笑っていればいいんだから」

「ああ～まぁ、そうですね」

「じゃ、笑っていてもちゃんと働かないとダメっていう意味なんじゃないの？」

「いや、ちょっと待って下さいよ。今……調べます。……え～検索っと……。はい、出ました。

笑う門には福来たるとは、『いつもにこにこしていて笑いが満ちている人の家には自然に福運がめぐって来る』（『広辞苑』岩波書店）ということですねぇ」

ほっほ～。初めてちゃんと意味を調べましたけど、そういう意味だったんですね、カドは「門《かど》」なんですね。「角」かと思っていましたけど、街角の角かなって思いましたけど、どこの角ッコだろう？　みたいなそういうことじゃないんですね！　門は「家」そして「家族」のことなんですねぇ。

でも別にちゃんと働かなくちゃダメよ〜とかは書いてないですね。

「じゃ自然に幸福が舞い込むって……その『自然に…』ってどういうこと？　自然って、花鳥風月？　じゃないし、ほっといてもってこと？」

「そう、そこ！」

「どこ？」

「そこんところを、ちょっと今まで以上にじっくり考えてみたいなあ」

　こんな落語みたいな自問自答の答えを探す旅に私は出たいと思いました。

　だって今の世の中、誰の目から見ても殺伐として映りますよね。特に東京という街は、駅で喧嘩しているサラリーマンに出逢ったり、以前より人身事故も増えたような気が致します。ニュースを見れば世界にはテロ事件が多く報道されております。暗いニュースのない日はありません。ですからそんな暗い空気に引っ張られないようにすることが大事だと私は思います。暗い連鎖が起きないような工夫がここで必要ではないか、落語家ならではの「笑い」という道具を使いながら、解決の糸口を探しに行こうと真面目に、そして時に脱線しながら、そこをいい塩梅《あんばい》に進んで参りたいと思います。

「笑う門には福来たる」のか？

この言葉を読み解いてゆくと、今、どう過ごしたら充実した生活を送れるのかヒントが得られる気がします。これが、ただ、気がしているだけなのか？　本当にそうなのか？を探って行きたい。


先《ま》ずこの「笑う門には福来たる」を四つに分解してみます。

「笑う」

「門には」

「福」

「来たる」

と分けてみました。

「笑う」ことの良さは、科学的な根拠が今の時代にいろいろ分かってきています。**「笑いと健康」が密接な関係にある**ことは、すでにご案内の方もおおいと思います。

ですからご存じの人にとっては確認のために、知っていることのおさらいだと思ってお付き合い下さい。逆にここで初めての情報がある方は目から鱗《うろこ》が落ちそうなのを受け取ったり、ゲンコを固めて自分の手のひらをポンと叩いてみたりして下さい。

笑いのパワーが分かると、よりたくさん笑いたくなるんじゃないでしょうか。

「門には」は、家、家族のことを「門」ということですから家の話、家族の話もさせてもらいますが、私も今、弟子を10人持たせていただいておりまして「一門」をかまえております。何かそこにもつながった話が見えてきそうです。「笑う」は1人よりも2人、3人よりも4人と複数形で行うほうがさらに面白いことになるようです。

「福」は、これも解釈は様々。これが福ですよとなかなか言い切れないのが福です。「お金」と言い切ってしまえば簡単な話ですが——笑う門にはお金が来たる（笑）。福＝お金で納得する人も中にはいらっしゃるかもしれない。でも本当にそれだけでしょうか？　もちろん綺麗事を言いたいわけじゃないです。お金も大事です。あったほうがいいに決まってます。でもそれだけではない証拠？を探すために福に関する個人的な話、空想や想像や妄想話もお話することになりそうです。

「来たる」ここが一番難しい部分ではないかと予想します。ここの解釈ひとつで全てがひっくり返るほど意味が変わってしまうからです。「来たる」の「何」がどこからどんな感じにやってくるのか？　その謎に迫ってみたいと思います。

この順番で読み解いて行きたいんですが、話は全てつながっておりますので、話題が前後したりしますすね、きっと。何しろ落語家です。まあまあ怒らないで、そこも笑ってお付き合い下さい！

そして今さらですが、私は人間国宝・故・五代目柳家小さんの孫で現・六代目柳家小さんの甥にあたります。一般的に落語家は歌舞伎俳優などとは違い実子が継ぐものではありません。いま現在、落語家は東京に550人。大阪に250人。その中でいわゆる二世の落語家は東西合わせて30人もおりません。元々世襲制ではないので、ほとんどの落語家の家庭で子が親の商売を継がないのが普通なんです。ですから自分の置かれている身が少数派であることを自覚しております。それがゆえに10代から20代にかけて何度か精神的に追い詰められました。小さんの孫として何不自由なく育って来たわけですが、それ以上に、小さんの孫であるプレッシャーは私にとってとても大きなものでした。

今回の本は、どうも本音で語らないとお読み下さる皆様に伝わらない気がしておりまして「告白」と題した章をこの後に2つも！　設《もう》けさせて頂きました。

落語にも本題に入る前に「まくら」という部分がございます。本編をお聞きいただくためによりその世界に入りやすくするためのものです。今回は、その必要性を感じ、1人の男のドキュメントとしてもお読み下されば幸いに思い、お付き合いをいただきます。どうぞおしまいまで宜しくお願い致します。

柳家花緑

「笑う門」

微笑する門戸の義《ぎ》（＝意味）にて和気藹藹《わきあいあい》たる家庭を云う『大言海』（富山房）

「笑う門には福来たる」

いつもにこにこしていて笑いが満ちている人の家には自然に福運がめぐって来る。『広辞苑』（岩波書店）

家族の仲がよく、いつもにこにこしている家には、自然に幸運がめぐってくる。『大辞林』（三省堂）

『上方（京都）いろはかるた』のひとつ。

告白❶私には学習障害がありました

え〜実は私は、「学習障害」があります。これは「発達障害」といわれるもので、先天的な脳の障害からくる、成長過程での障害なんだそうです。知的には問題なくて、ある部分の能力に障害があるなど様々です。

私は今まで自分でインターネットで調べて「多分そうだろう」と憶測で判断しておりましたが、今回編集部の知り合いのお医者さんに私の通知表（後ほど掲載）と、そのころの状態を話していただいた結果、やはり学習障害の中の識字障害（ディスレクシア）というものに間違いないという診断を受けました。文部科学省による定義がこちらです。

1. 学習障害（LD）の定義　Learning Disabilities

学習障害とは、基本的には全般的な知的発達に遅れはないが、聞く、話す、読む、書く、計算する又は推論する能力のうち特定のものの習得と使用に著しい困難を示す様々な状態を指すものである。

学習障害は、その原因として、中枢神経系に何らかの機能障害があると推定されるが、視覚障害、聴覚障害、知的障害、情緒障害などの障害や、環境的な要因が直接の原因となるものではない。

（平成11年7月の「学習障害児に対する指導について（報告）」より抜粋）

2. 注意欠陥／多動性障害（ADHD）の定義　Attention-Deficit/Hyperactivity Disorder

ＡＤＨＤとは、年齢あるいは発達に不釣り合いな注意力、及び／又は衝動性、多動性を特徴とする行動の障害で、社会的な活動や学業の機能に支障をきたすものである。

また、7歳以前に現れ、その状態が継続し、中枢神経系に何らかの要因による機能不全があると推定される。

（平成15年3月の「今後の特別支援教育の在り方について（最終報告）」参考資料より抜粋）


私は勉強の出来ない子供でした。小学1年生の頃は、鈴木くんという優しい男の子と友達になり、彼の家でよく宿題をやっていた記憶があります。ですが彼が半年くらいで転校してしまったんですね。そしたら宿題へのモチベーションもすっかり下がり、それ以来宿題というものをやった覚えがありません。だからといって宿題しなかったことを鈴木くんのせいにしているわけではありません（笑）。

そして2学期になると段々授業について行けなくなり、テストで0点を取るようになりました。2年生になった頃にはすっかり落ちこぼれて、2年生の時の担任の先生にはよく怒られておりました。勉強出来ないことに加え、忘れ物も多く、母の希望で私の髪の後ろ毛がちょっと長目だったのをその先生に注意されました。男の子は刈り上げにしなさい！と言われたりして、まぁ色んなことでその先生には怒られっぱなしでした。逆に3年生になると全く先生に怒られなくなりました。担任の先生が代わったからです。でもこれは俗に言う〝エコヒイキ〟というやつで、自分だけとっても可愛がられました。テレビで売れていた祖父の柳家小さんファンだったのかなぁ。2年間その先生だったので、勉強出来なくても、授業をそこそこな感じに聞いていても全く怒られませんでした。もうそうなると忘れ物もいつものことで、一門のお弟子さん達がよく学校へ届けてくれました。月曜日に持って行く体育着。給食当番の割烹着。それと上履き、って全部ですね！　もう我を忘れる勢いで忘れ物をしまくっておりました。現在・落語協会会長を務める柳亭市馬師匠がまだ前座の頃で、小幸と名乗っていた時によくこの忘れ物を届けてもらいました。教室の一番後ろから渡せれば目立たずに済むんですが、私が先生の目の届く一番前の〝ど〟センターにいるもんですから、市馬兄さんも前からガラガラっと教室の戸を開けて入ってくるわけです。開いた途端にクラスのみんなが「弟子だ！　弟子だー！」って、まるで私の弟子みたいです。ああ〜思い出すと本当に申し訳ない。市馬兄さん！　あの時はすみませんでした。

そして5・6年生でまた担任の先生が代わり、人生で初の往復ビンタを経験します。

先生に言わせれば〝愛のムチ〟ですが、私には秋田県のナマハゲが凄い勢いで家に入って来て子供達を泣かせる、あんな感じの衝撃！　しかもそのナマハゲがビンタしてくるんですから恐いです。ガッチリとした男の先生で「お前は甘やかされて来たなぁ……」といい、授業中にみんなの見ている前で突然の平手打ちを貰いました。往復ビンタです。今、思い返せば私が100％悪いんです。何度「静かにしろ」と先生が注意をしても一向に言うことを聞かない。つまり私のお喋りが止まらないんです。そんな私がいると授業にならない。周りに迷惑が掛かりますから、先生も最終的にそうするしか手段が無かったのでしょう。この最終手段は何度か実行されました。ところが叩かれることに慣れてくると、またお喋りが止まりません。叩かれて教室の後ろに立たされます。すると今度は後ろの子を相手にまた喋る。また叩く。終いには廊下へ出されました。そこでも一人で喋っていれば面白いんですが、さすがに相手がいないと、いじけて静かにしておりました。まぁ〜とにかく、お喋りが止まらない子供でした。

ある日、授業参観がありました。国語の授業です。始まる直前の休み時間。ある男の子がみんなに何かを聞いて歩きまわっています。何をしているんだろう？　と目の端に入りましたが、さして気にも留めておりませんでした。そして教室の後ろに親たちがやって来ます。私の母も参りました。いよいよ授業参観が始まり、国語の教科書のあるページを開かせます。そして、先生が指名した子が立ってそのページを読むわけです。何の文章だったかは忘れましたが、ある男の子が指され「はい！」と元気良く返事をするとスラスラ～っと文章を読み始めました。「あれ？」と私は思いました。その子は私と負けず劣らずの勉強の苦手な子でした。そこで「ハッ」と解りました。直前の休み時間、彼は先生に相談をして自分を最初に当てて欲しいとお願いをしていたのです。そして解らない漢字を友達に聞いて回り教科書へ書き込みをしていたのです。「へェ～」と感心しているのも束の間。「はい、次は小林君！」「へっ？」まさか自分がこんな日に限って指されるとは想定外!?　もちろん漢字なんて読めません。私は、たどたどしく「え～……○○は、○○○の……えっとぉ……」もう全然話になりません。クラスのみんなにゲラゲラ笑われてスッカリ母は恥をかきました。その日家に帰って母にどれほど怒られたことか。

ここまでお読みになってどうでしょうか？　全くもって恥ずかしい。落語に出てくる与太

児童氏名	小林 九

行動および性格の記録									
学期	1			2			3		
評定 ／ 観点	努力している	ふつう	努力が必要	努力している	ふつう	努力が必要	努力している	ふつう	努力が必要
進んで自他の健康や安全に努める・生命を尊重する・時と場に応じた、正しい礼儀作法ができる			○			○		○	
人にたよらず、自分で考えて行う		○			○			○	
人との約束を守り、自分の言動に責任をもつ		○			○			○	
喜んで仕事や奉仕をする・めあてに向かってやり通す		○			○		○		
よりよく考え、進んで新しいものを作り出す		○			○		○		
すぐないたりおこったりしないで、おちついている		○			○			○	
広い心でわがままをせず、友達と仲よくする		○			○			○	
すききらいや利害にとらわれず、正しく行動する		○			○			○	
公共物を大切にし、きまりを守り人に迷惑をかけない			○		○			○	

特別活動の記録	1 学期	2 学期	3 学期
	体育委員会 絵画マンガクラブ 専科係	体育委員会 絵画マンガクラブ 専科係	体育委員会 絵画マンガクラブ 新聞係

所見	1 学期	2 学期	3 学期
	気が散って学習に身が入りません。調子にのるととどまるところを知りません。心をおちつけて、絵を描く時のように、根気よく復習しましょう。	生活や学習に落ちつきができました。係の仕事もよくがんばっています。今後とも根気よく復習にはげみましょう。なわとびよくやりました。	勉強以外のことなら一生けん命にやるのですが……。家でのスケジュールがきつい面もあるのでしょうか。家に帰りたがらないのです。一考を。

●小学5年生の通知表

児童氏名	小 林 　九

学習の記録															
学期	1					2					3				
教科＼評定	すすんでいる	ややすすんでいる	ふつう	ややおくれている	おくれている	すすんでいる	ややすすんでいる	ふつう	ややおくれている	おくれている	すすんでいる	ややすすんでいる	ふつう	ややおくれている	おくれている
国語					○				○					○	
社会				○						○				○	
算数				○					○					○	
理科					○			○						○	
音楽			○					○						○	
図画工作	○					○					○				
家庭				○						○				○	
体育			○				○					○			

出欠の記録												
区分＼月	4	5	6	7	9	10	11	12	1	2	3	計
出席	20	22	25	17	24	24	23	21	19	23	21	239
欠席	1	2	1	0	0	0	0	1	0	0	0	5
備考												

校長		上口一志
学級担任		貝ノ瀬　滋
専科教諭	音楽	今　直樹
	図工	熊田藤作
	家庭	石塚順子 平林千代子
養護教諭		小関　道

	1学期	2学期	3学期
校長印	上口	上口	上口
担任印	貝瀬	貝瀬	貝瀬
保護者印	[illegible]	[illegible]	

郎そのものだった私。リアル与太郎です。情けない花緑の子供時代です。その時の通知表をご覧下さい。これは5年生の頃のものです。

1学期の所見に先生が書いてます。「気が散って学習に身が入りません。調子にのるととどまるところを知りません〜」

学期の成績を見てもほとんどが「ふつう」より右側の「ややおくれている」か「おくれている」に集まっています。そこで図画工作だけが、ブレずに毎回「すすんでいる」に◯《まる》が付いております。これは3年生から6年生までずっと続きました。ですから先生が1学期の所見で「〜心をおちつけて、絵を描く時のように、根気よく復習しましょう。」と書いてくれているのです。

ところが、私は学習障害だったのです。字の読み書きが他の子と比べて極端に弱い。どんなに勉強しても漢字が頭に入らない。平仮名、カタカナはそれなりに大丈夫でしたが、未だに読めない書けない漢字が多いです。ディスレクシア、読み書き障害というものです。

そして、「静かにしろ」と何度先生に注意をされても同じ間違いを繰り返す。これが

ADHD、注意欠陥 多動性障害の特徴です。集中力も持てず、体も動いてしまいます。そして多弁も特徴でお喋りは止まりません。そしていわゆる〝空気が読めない〟というのもこの障害の1つ。これでどれ程、人様にご迷惑をお掛けしたことか、本当に今は申し訳なく思っております。ところが未だに人との空気は読めません。いわゆるK・Yです。だって名前に書いてあるKaroku・Yanagiyaですから！

そして、その当時は学習障害という診断も理解も、まだまだ日本にはありませんでした。家でも学校でもとにかく、勉強、勉強でした。

実は自分が「発達障害」ではないかと気が付かせてくれたのは、2013年の夏に『ジョブチューン』というテレビ番組に出演したのがきっかけでした。業界の裏話にうとい私は、自分のことを話そうと思い、先ずスタッフとの打ち合わせにのぞみました。

そして、本番に話すネタが決定致しました。「落語を150席も話せる真打ちが実は通知表がオール1です」えー!? みたいな感じで私の話は始まるのです。その時は実際の中学3年生の時の通知表の映像がデカデカとスタジオのスクリーンに映し出されました。

それがこれです。

生徒氏名　小　林　　九　(10)

特別活動の記録					
生徒会活動(役員、委員)	前期		後期		
学級会活動	前期	学習係(技術)	後期	学習係(技術)	○
クラブ活動	弦楽合奏クラブ				○
部活動					

◎右上のらんは活動状況です。意欲をもってよく活動したものを○印で記録します。

出欠の記録　学期＼区分	授業日数	出席停止・忌引等の日数	出席すべき日数	欠席日数	出席日数	遅刻	早退	備考
1	86	0	86	4	82	0	0	(転入昭和　年　月　日)
2	94	0	94	2	92	0	2	
3	60	0	60	1	59	0	0	
計	240	0	240	7	233	0	2	

所見	1	2	3
	誠実・明朗・温厚な人柄は、クラスの中でも光っています。正しく物事を見つめ、仕事にも熱心にたずさわる姿は、大変立派です。今後もますます発揮して下さい。学習にも"精進あるのみ"です。	学習へのとりくみに、多少甘さが感じられました。今、吸収できることを大切にして蓄えておくことは、あなたにとって必ず役立つはずです。真面目で明るく、しかも優しい気もちを大切にして下さい。	卒業おめでとうございます。教科書を使う学習はあなたに修了の時を告げました。これからは多くの人々から大切なものを探し出し、しっかり身につけて下さい。立派な落語家になって下さいね。

家庭から学校へ			
1	本を少しも読む事が出来ませんでした。もっと本を読んで欲しい。	2	最後の学生生活思い残しのないようにせいいっぱい頑張って欲しい。

氏名認印		1	2	3
校長	北村源太郎	(印)	(印)	(印)
担任	竹之内郁代	(印)	(印)	(印)
保護者	小林喜美子	(印)	(印)	

●中学３年生の通知表

生徒氏名　小　林　九　(10)

名教科の学習状況

I　評定

教科＼学期	1	2	学年
国語	2	2	1
社会	1	1	1
数学	1	1	1
理科	1	1	1
音楽	5	5	5
美術	5	4	5
保体健育	4	3	3
技家術庭	2	2	3
英語	1	1	2
選択(音)		5	5

◎　評定は５段階です。
5……すぐれている
4……ややすぐれている
3……普　通
2……やや努力を要する
1……かなり努力を要する

評定だけにこだわらず、観点別学習状況、所見や出欠状況、特別活動の記録もあわせてお考えください。

II　観点別学習状況（○……すぐれている）

教科	観点	学年
国語	表現の能力	
	表現（書写）の能力	
	理解の能力	
	言語に関する知識	
	国語に対する関心・態度	
社会	知識・理解	
	資料活用の能力	
	社会的思考・判断	
	社会的事象に対する関心・態度	
数学	知識・理解	
	技能	
	数学的な考え方	
	数学に対する関心・態度	
理科	知識・理解	
	観察・実験の技能	
	科学的な思考	
	自然に対する関心・態度	
音楽	表現の能力	○
	鑑賞の能力	
	音楽に対する関心・態度	○
美術	表現の能力	
	鑑賞の能力	
	美術に対する関心・態度	
保体健育	運動の技能	
	知識・理解	
	運動・保健に対する関心・態度	
技家術庭	技能	
	知識・理解	
	生活や技術に対する関心・態度	
英語	聞くこと	
	話すこと	
	読むこと	
	書くこと	
	外国語に対する関心・態度	
選択　保体・技術	払能	
	知識・理解	
	関心・態度	
選択　音・美	表現の能力	
	鑑賞の能力	
	関心・態度	

つまり学校の勉強は出来なくても落語が150席も出来るし、弟子だっているよ！　という内容でした。

放送を観て事務所に一通のメールが届きました。先日のテレビ拝見致しました。息子が花緑さんと同じ障害ですと。その時点で私は自分が学習障害だったとは思っておりませんから、メールの返信でやんわりと否定しました。自分は勉強をサボっていただけです。そして実は、音楽と美術は5です。息子さんの障害とは違うと思います。

するとその返信が届き「やはり息子と同じディスレクシアですね！」と太鼓判を捺《お》されたのです。

息子さんも美術と体育の成績はとてもよくて、私と症状がよく似ているそうです。私が今までどんな苦労をしてきたのか？　どのように生きて来て今があるのか？　息子のこれからの人生のためにも教えて欲しいという内容だったのです。そして、そのメールをくれたお母さんも同じ障害をもっていると書いてありました。

「発達障害」には他にも「アスペルガー症候群」や「高機能自閉症」などいろいろあります。ご存じの方もいらっしゃると思います。

古今東西の歴史上の人物や、現在活躍されている方のなかにも、ご自身の「発達障害」について告白された方もいれば、その言動や症状から、そうじゃないかといわれている人など結構おりますね。

そうした「発達障害」の有名人に、ある特定の能力を人並み以上に発揮していることもあって「天才的（サヴァン症候群など）」だといわれている人もおります。

私が自覚しているディスレクシアは「発達障害」のなかでも、知的発達の遅れではなく、読む、書く、話す、聞く、計算するなど、学習に必要な能力の習得を困難にするものとされています。

程度もいろいろあるので、ともすると本人のやる気がないだとか、親の育て方が悪いなどといわれてしまいがちですが、原因はそこにないので、ちゃんとした対応が必要なんだそうです。

私は、読み書きは苦手でしたが、落語は師匠から〝口伝〟で教えられて覚えたので、聞く、話すが出来たのは、落語のお陰かも知れません。多弁のお陰で今の自分があるわけです。

とても腑に落ちました。今は、この障害だったことに感謝しております。

そして私は、その日から自分が変わったと思います。とても恥ずかしい過去が、実は学習障害という片寄った才能を与えられ、落語家をやれている。そうして、より自分のことが知れて、とっても気持ちが楽になりました。

何年か前、自分でも読み書きの能力の無さに驚いたことがあります。TBS系のクイズ番組『世界ふしぎ発見！』に出演した時のことでした。私はクイズ番組には基本的に出演致しません。知識を競うものは自分には不向きであることが分かっているので、このごろのクイズ流行りを横目にオファーが来ると「申し訳ありません」と謝りながらお断りさせて頂いておりました。

ところが『世界ふしぎ発見！』だけは別なんです。母が番組の大ファンだからです。親孝行のために意を決して出演致しました。

あの番組は自分で答えを書かなきゃいけません。番組はその日、中東の方の特集でした。1問目と2問目は何とか上手《うま》いことこなしました。まぁこなしたといっても正解はしていないんです。コメントをしたり、それなりに書いていたということです。そして3問目。出題は忘れましたが、その時の答えを私は「宝石」だろうと思ってスーパーひとし君を賭けたんですね、ところがです。〝たからのいし〟が漢字で書けないんです。全然頭に浮かばないんです。もちろん今はスッと書けますが、どうやら緊張するといつも書ける字も書けなくなるということがその時分かったんです。ですから仕方なく「ほうせき」と平仮名で書きました。しかも答えは不正解という最悪な結果。番組を観ていた母から「お前、宝石くらい漢字で書きなさいよ！」と言われてとても恥ずかしい思いをしました。その日以来番組のオファーはありません。

そして、もう1つ私の人生で最悪にして最高に笑えてしまうディスレクシア話があるんです。これも告白的な内容かも知れませんが、実は落語家は痔になりやすいんです。これは職業病だと思います。着物を着て正座している姿勢がお尻にとって、とても悪しき環境だということなんです。お尻の穴が窮屈なんです。うっ血するんです。着物でピチーっとお尻を包み込んで、なおかつ正座して足でお尻の穴に蓋をしている状態です。もう逃げ場がない。痔になるしかお尻には選択肢がないのです。もう痔に向かってまっしぐらです！

20代のある日の朝、私のお尻から普段出てこない赤い液体が顔を出しまして、何だかとっても鮮やかな赤色です。綺麗だなぁ～なんてのんきに構えていたのは一瞬。いやいやこれは大変なことだと、朝から死ぬんじゃないか？　と思うほど驚きました。はじめてのことでしたから痔なのかどうかも分かりません。

とりあえず一人で近所の大きな総合病院へ行きました。窓口へ行き、症状を軽く話すと問診票という物を渡されました。出ました！　そうです。ここで字を書かなくてはいけないんですね。この問診票になんて書いて出したらいいのか？　物凄いプレッシャーがかかったことを今でも記憶しております。とりあえず私は頭の中で文章を考えました。

「アサカラ、チガデマシタ。ヂノウタガイアリ」

こう書こうと思い文章は頭の中でまとまりました。簡潔に、そして少ない文字数でいこうと。「朝から」ここは大丈夫。ちゃんと朝という漢字は書けました。そして最初の関門は「チガデマシタ」です。「出ました」もいいんですが、「ち」という字が「血」か「皿」なのかが分かりません。もし間違って「皿」の方を書いてしまったら大変です。朝っぱらにお尻からサラが出てきちゃったら新しいイリュージョンが始まってしまいますから。

今は携帯電話はスマホですが、その頃はまだガラケーでした。「ち」と打つと候補で文字が幾つか出てきます。それでチョンの付いたほうが、「血」だと分かり「朝から血が出ました」まで書けました。

さぁここからです。「ウタガイ」は始めから疑わしいので「うたがいあり」と平仮名で書こうと決めました。最後は「ヂ」です。今は書けますが、その時は平仮名で書くにも「じ」なのか「ぢ」なのかも分からず書く自信がありません。ガラケーで候補を調べます。いろいろ出てきました。あっこれだ！　と思って書きました。

そして無事、問診票を出しました。数分経って、ちょっと不安になりました。ちゃんと書けたかなぁ……。私は候補ではなく、ちゃんと検索して「ヂ」の字を調べました。「ち」に点々と書くことも分かり、漢字を見てみるとヤマイダレに寺と書く「痔」。こういう字なんですね。でも私が書いたのは違いました。寺は書いたんですが、ヤマイダレを書きませんでした。なんと書いたのか……。

寺の字の左側にニンベンを書いてしまったんです。

つまりこう書いたのです。

「朝から血が出ました。侍のうたがいあり」

「さむらい」と書いてしまったんです！

拙者、朝から血が出たようでござる！　朝起きたら自分が侍になったようでござる～！

こんな男が来ちゃったと思ったお医者さんたちは「小林さんど～ぞ」診察室に入ると、物凄く優しい口調で「今日はどうしましたかぁ～」満面の笑みで迎えてくれました。完全に違う種類の病気だと勘違いされたんですね。話をすると直ぐに分かっていただき、先生は診察室から席を外されました。きっと他の病室へ連れて行くつもりで、連絡をしていたのを断りに行ってくれたのでしょう。
突然、診察室には私と問診票だけが残されました。私は慌てて駆け寄るとニンベンの上からヤマイダレを書き足したのです。セーフ！（ちっともセーフじゃありません）
痔の字が違い、自分の地と痔も出たお話でした！

告白❷スピリチュアルが大好きな落語家です

え～実は私、スピリチュアルが大好きなんです。つまり目に見えないものを信じるということです。でも今の時代、見えてるものだって信じられないこともありますが、何を信じるかは自己責任だと思います。子供の頃は「矢追純一のＵＦＯ特集」「川口浩探検隊」「年末年始特番のピラミッド特集」などがとても楽しみで、テレビに齧《かじ》り付いて観ておりました。お陰で歯も丈夫になりました（笑）。そして18歳の頃から、読めない字を読みながらスピリチュアルな本。いわゆる精神世界系や自己啓発系の本を読むようになりました。今まで夏休みの読書感想文を一度も書いたことがないほど一冊の本を読めたことのない私が興味のある本は買って読むようになったのです。もちろん最後まで読み切れた本は少ないですが。でも気付いた時には今日までに約500冊、それとその分野のDVDを50本程は観たでしょうか。新しい本やDVDを手にした時はいつもワクワクしていました。そして知らない知識に触れた時、喜びと知的好奇心が満足され、本当に嬉しくって自分は悟ってしまったのではないか？と思うほど達観したような広〜い意識の状態を体験しました。そしてスピリチュアルは私にとっていつしか趣味になりました。今では、不思議なことが満載な雑誌。学研の「ムー」を定期購読しております。

そんな私は20歳前後の頃、そのスピリチュアルに救われました。

私は、五代目柳家小さんの孫であることに、とてつもないプレッシャーを感じていたのです。9歳からやって来た落語、そして小さんの英才教育を受けて来たんだから、さぞかし落語が上手いんだろう。あるいは、「小さんの孫はいい」なんて評判を聞いた人の期待。そして実際に私の噺を聞いた人の落胆。その全てを受け止めて参りました。そして祖父のおかげで金銭的に不自由なく育った環境。そこへのまわりからの嫉妬。それらも受け止めて参りました。でもADHDで空気の読めない私は、自分のこと（小さんの孫は大変だというような愚痴など）を打ち上げでベラベラしゃべったりして自ら評判を落としてゆきました。感謝もせずに被害者意識が強く、精神的に八方ふさがりとなり、いつしか自殺を考えるようになりました。18歳から25歳くらいまで、精神的に不安定な状態が続きました。出刃包丁を持ち出して自分の喉元に突きつけたこともありました。ですがその時、頭の中に浮かんだ映像があります。祖父小さんの泣いている顔でした。そんな親不孝なことは出来ない。師匠より先に死ぬなんて死んでも出来ない‼　そう泣きながら思い止まったことが何度かありました。その時によく読んでいたのが、精神世界系の本です。自分はどうして生まれてきたのか、何をして生きていけばいいのか、自分探しをしたくて読みあさりました。私はどこかの団体に属するような宗教には入りませんでした。全て大型書店に行けば手に入る本などで、自分の心のバランスを取ろうとしてました。読めない字を読みながら、そしてもんもんとしながらも気が付いたことがひとつありました。それは自分には「感謝」が足りていないことでした。

22歳で戦後最年少真打ちになっていた私は、精神世界系の本のおかげで自分自身を初めて客観視することが出来たのです。それからは憑き物が落ちたように「死にたい」などと思わなくなりました。そして、「本物になりたい！」と何が本物かも分からずに心からそう思ったのです。何でそんな思いに至ったのかというと「小さんの孫」と言われ続けた自分がふわふわとした実在感のない偽者に感じていたからです。そんな自分が嫌でした。祖父がいなければ自分の存在価値がないような自分がです。もっと足が地に着いた人間になりたい。そこから本物探しが始まりました。そこには支援して下さるお客様の言葉もありました。「師匠が凄いことは知っている。でも君は君でなかなかいいじゃないか！」そんな優しい言葉に随分と助けられました。

そして、その時期にスピリチュアルと出会ったことは、自分の命をつないでくれた大切なモノの見方になっていったのです。

ところが昨今のスピリチュアルブームでは、私のように救われた人間もいれば、インチキに引っかかり大金を払わされて騙されたりした人もいるかも知れません。そしてスピリチュアル＝インチキというレッテルを貼っている人がいることもお察し致します。ですが、全てがインチキではないと私は思っています。本物の陰にインチキがあるのではないでしょうか？　あるいはインチキの中に少ない本物が存在する。本物を見抜く目を持つこともこの時代に必要な要素かも知れません。

スピリチュアルというと霊の姿が視えたり、なにか感じたりする人もおりますが、私自身は霊は視えません。いや、違う言い方をすれば視えています。しかもこれは私だけじゃなくて、皆さんも視えています。どういうことかというと、我々人間自体が霊体（魂のようなこと）だと思っているからです。人と霊はそんなに違いがないと思っています。たとえて言うならば、人間とは車を運転している状態に似ていると思います。

肉体が車。
霊体が運転手です。

車から降りた状態がこの世を終えてあの世に帰る時です。新しい車に乗り込む時が新しい肉体、つまり「来世」です。その反対、以前乗っていた古い車が「前世」です。「産まれた途端に免許も持たずに車に乗っていいのか?」なんて変なツッコミを入れないで下さいね！たとえ話ですから。そして車から降りちゃった状態であの世へ行かず、この世をウロウロしているのが我々が幽霊と呼んでいる人達です。私はそんな感じに捉えているんです。どうでしょうか？　苦手意識のある方は、少し受け入れやすいのではないでしょうか。だから我々は元々が霊体だと思うんです。霊体は目には見えなくても、自分も霊体なわけですから自分の意識、自分の思いをそういう感覚で捉えれば、受け入れやすくなると思います。

ですから私はスピリチュアルが大好きなので霊能力、超能力、オカルト、UFO、占い、宇宙、タイムマシン、古代文明、オーパーツ、地底人などなど不思議なこと全般に興味がありますが、今までいろいろ見て来たからこそ、実は疑って見る目も持っております。どのジャンルにも一流もいれば三流もいるわけです。それを白黒、自分で判断していますが、たまによく分からないことにも出っくわします。そういう時には、慌てて黒と決め付けて切り捨てるのではなく、もちろん妄信的に何でも信じて白というわけでもなく、〝グレー〟という捉え方をして心の棚にちょこんと置いています。後からゆっくり判断をしたらいい。そう思っています。

私が今までいろいろな本や人から影響を受けて来て、一番実践するのに分かりやすい教えだったのが小林正観《こばやしせいかん》さんです。１９４８年東京深川生まれ。本業は旅行作家なんですが、心理学研究家で潜在能力研究家でもあり、学生時代より人間の潜在能力やＥＳＰ現象・超常現象に興味を持ち、旅行作家のかたわら研究を続けてきた方です。

２０１１年10月12日。62歳でこの世を去るまでたくさんの本を書き、多い時で年間３００日もの講演会を行った人です。今、『ありがとうの神様』（ダイヤモンド社）という本がとても良く売れていますね。
正観さんは「モノの見方」を宇宙法則として広い視野で捉えることで、日常を面白く、笑顔を多く持てるような様々な「法則」を発見していった人です。本文でも後半、生前に直に正観さんとお会いして講演会で教えてもらったことなども紹介させていただきますが、私が日常生活で実践していることが幾つかあります。

それは、「ありがとう」という言葉の力を教えてもらったことです。この言葉、もともとは神様に向かって使っていた言葉。「有り難し」＝「有り得ないことが起きた」という奇跡を表す言葉で、それが我々の日常的に使う言葉になったそうです。普通に使えばこの言葉、なにかが終了した時、「今日は、ありがとうございました」というタイミングで多く使われると思いますが、それをまだ何も起きていない、起きる前に先に言ってしまうと、後から「ありがとう」と言いたくなる現象が付いてくるんだそうです。それと「ありがとう」は回数を多く言うと、面白いことがいろいろ起きてくる。奇跡と思えるようなことが何万回、何十万回と言ってゆくと起きてくるようです。詳しくは小林正観さんのご著書をお読み頂きたいと思いますが、私が日常的におこなっているのは、トイレやお風呂、或いは散歩など、ひとりになる時にマントラのように「ありがとうございます、ありがとうございます……」と言っております。1日多ければ3千回。少ない時でも百回くらいは唱えています。お陰様で日々、心から「有り難い」と思うことが多く目の前で起きていると思います。

それと「掃除をする」こと。別に掃除をするのはスピリチュアルじゃないでしょ？　と思いますよね！　まぁそうなんですが、掃除をする時の捉え方が普通とは違いまして。「部屋の掃除は、心の掃除」と思ってしています。目の前の空間を見てスッキリ気持ちいい感じに出来ている時、自分の心も落ち着いていることが多いんです。反対に思い悩んでいると部屋が荒れていようが汚れていようが、自分の目には入ってこないんです。心に余裕がないので、見ていても目に入りません。人は見えてるものを見ているのではなくて、見たいモノを見ているんですね。ですから常日頃、自分が活動している空間が整理出来ていなければ、心の整理も出来ていないと私はそう捉えることにしております。そして掃除をするのは、全てのモノに意思と意識が宿っているからだと思うんです。日本の八百万《やおよろず》の神の捉え方です。モノを出来るだけ丁寧に扱いたい。掃除をしてモノを清潔に綺麗な状態に保つのは、マジメでやっているのではなくて、そのモノに対する感謝の気持ちからです。全てのモノが生きていると捉えれば、ぞんざいには扱えなくなります。トイレ掃除なんかは、家だろうが、表だろうが、駅や映画館、レストラン、落語会会場にいたるまで、自分の使った便器など汚れていればトイレットペーパーを使って必ず掃除をして出て来ます。

正観さん曰く、どんなにいい教えでも、実践しなければ、知らないことと同じ。

やはり、行動におこすこと、実践することの大切さを一番教えて頂きました。

私の日常は今そんな感じで、家にいる時に部屋の掃除をちょこっとします。大掃除ではなく、中掃除でもなく、小掃除⁉です。いつもちょこちょこ掃除をしています。ホコリを拾ってゴミ箱に捨てたりします。気になるところをハンディモップで拭いたりします。そして1日着ていた黒のコーデュロイのジャケット。黒はホコリがとても目立ちます。着終わった後に直ぐブラシを掛けてホコリを取って洋服ダンスへ仕舞います。そうしておくと次に着たい時に直ぐ着られます。靴も革靴なら磨きます。スニーカーの汚れも専用の洗浄剤を使って拭き取ります。着物も汗になっていれば長襦袢と共に直ぐ陰干しして、着物のアイロンは妻がしてくれます。他の着物類は出しっ放しにせず、着物の桐ダンスへ羽織り、帯、細ひも、扇子と手拭い別々に分けてそれぞれ仕舞います。

この行動を習慣にしているので、辛いとか窮屈で息が詰まるとか思わないんです。「ありがとう」をいいながら、妻とワハハ、ワハハとバカ話しをしながら生活しています。

基本的に生活をなるべく〝作業〟にせず、〝遊び〟に捉えて過ごしています。家で妻が作るご飯も私がテーブルを拭いて数あるランチョンマットの中から、「今日はこれ！」と料理と皿を見ながら決定します。出来上がって並べられた料理をタブレットで撮影したりして、毎日そんな感じで食事も愉しんでます。

でも、こんな風に生活出来るようになったのも、30歳を過ぎてからのことです。失敗を重ねながら年々理想の生活スタイルになって来ていると思います。

それと私は、お寺や神社を訪ねるのも好きです。つまりパワースポットに興味があります。ですが一番のパワースポットは自分自身だと思っております。自分という〝車〟である肉体に、いつでも宇宙からのパワーが降り注ぐように瞑想をしたり、上から降りてくる光をキャッチ出来るよう、余計な思い込みを持たないようにしています。グレーに思うということは、善し悪しを決めないということなので、思い込みもなくなるんです。

それと、お墓参りも好きでよく出掛けます。ご先祖様、故人と対面する場所がお墓だと思います。あの世とこの世の境であるゲートがお墓であると思うんです。

この頃は、祖父・五代目柳家小さん。四代目、三代目、二代目の小さんまでお墓参りをさせて頂いております。今、初代小さんのお墓も調べたいと思っています。

ご先祖様、そして先輩方への感謝の気持ちをお墓参りで表したくて足を運んでおります。

さぁ、ここまでお読みくださり恐縮でございました。やっとここからが、本題です。2つの告白をお読み頂いて、これからの読み解きの準備が整いました(ホントかな?)。

語学を身に付けなかったスピリチュアル好きな二世落語家が読み解く!? 「笑う門には福来たる」です。もちろん私一人では、心もとないので、その道のプロにもお力をお借りして話を進めて参ります。それでは本編のはじまり、はじまり〜!

第一章「笑う」

1　笑うと身体にいい

笑いについて私は先ずひとつの疑問が浮かびました。

「笑うと身体にいい」という話は、お聞きになったことがあるんじゃないかと思います。逆に笑うと身体に悪いなんて聞かないですよね？　自律神経がおかしくなるとか、笑っているとシワが増えるから笑わないほうがいいとか（女性はあるかも？）。長生きしたければ笑わないこと！　なんて聞いたことがありませんよね。

「人は元気になったから笑うのか？　笑うから元気になるのか？」。そして「笑うと本当に身体にいいのか？」。その答えを私は何と自分の独演会で知ることになるのです。

２０１４年４月26日。和歌山県保険医協会の主催による「笑いと健康」市民講座が行われました。

そこで私の独演会（落語会）を行《おこな》うことになって、主催者である**西本真司先生**（和歌山県保険医協会の理事、西本クリニック院長）が「せっかくですから**当日ある実験をしたいんですよ！　痛みの変化についての実験です。**落語を聴く前、聴いた後でお客さんの身体がどう変化するのか？」と笑顔でおっしゃったんです。いや、メールだったから笑顔か真顔かは分かりませんが。でも私は、これは面白い！　と思ったんですよ。私、実験とかするの大好きですから。でも、反対に悪い結果が出たら怖いですよね。

つまり私の落語を聴いて身体の痛みが増えるなんてこともあるかも知れない。もしそうなったら商売あがったりです。つまらない落語ならまだしも〝身体に悪い落語〟と太鼓判を捺されてしまったら大変です（涙）。そんな十字架を背負ってこれからの落語家人生を送るのは辛過ぎる。でも私は懸念よりも自分の好奇心のほうが勝って「喜んでやらせていただきます！」と即答しておりました。

当日は、188人のお客様が会場を埋め尽くしました。落語を聴く前に西本先生が、お客様に次のアンケートを答えてもらいました。

1　年齢性別

2　現在治療中の疾病名

3　「気」が存在すると思いますか？（気＝目には見えないが生体を支えている生命エネルギー）

4　笑いの医学的効用はあると思いますか？

5　落語の寄席、独演会を聴いたことは？（聴いた回数）

6　花緑さんの落語を聴いたことは？（聴いた回数）
7　痛みのある部位と痛みの度合いを、落語を聴く前と後で（10段階で）評価。
※　**145名は痛みがある人で、75名の方になんらかの既往症状がありました。**

そして心拍数を、落語を聴く前と後で、先生の指示にしたがって測ります。

さぁ、そして私が演じた落語は二席、「お中入り（休憩）」をはさんで『初天神』と『井戸の茶碗』です。

『初天神《はつてんじん》』

おとっつぁんとこまっしゃくれた息子が初天神のお参りへ。アレ買ってくれコレ買ってくれと言わない約束で表へ出たが、屋台を目の前にすると、飴玉が舐めたい、お団子が食べたいと言って次々買ってもらう、挙句に大きな声で泣き叫ぶ。「こんなことなら子供なんて連れて来なければよかった……」と愚痴をこぼすが凧まで買ってあげる始末。今直ぐ揚げたいという息子と裏の原っぱへ。凧揚げに夢中になってくるおとっつぁん。息子に糸も持たせない。「なんだよ～こんなことならおとっつぁんなんて連れて来なければよかった！」

『井戸《いど》の茶碗《ちゃわん》』

三人の正直者のお噺。正直が自慢の、屑屋の清兵衛さんが、金に困った正直者の浪人・千《ち》代田卜斎《よだぼくさい》から家伝の仏像を二百文で買い取った。その仏像を清兵衛から買ったのが、細川家家臣で正直者の高木作左衛門《たかぎさくざえもん》。作左衛門が洗い清めてよ〜く磨いたところ、仏像の胎内から五十両の小判が出てきた。

作左衛門は、「拙者は、仏像を買ったが中の小判まで買った覚えはない」と、千代田卜斎に返そうと、清兵衛に持って行かせたが、卜斎は「売ったものだから関係ない。刀にかけても」と受け取らない。

しかし、作左衛門も「刀にかけても」と渡そうとする。正直者同士の間を行ったり来たりの清兵衛は困ってしまい、大家さんに相談した。

大家さんは、五十両の金のうち清兵衛に十両、千代田卜斎と高木作左衛門が二十両ずつ受け取り、千代田はさらに二十両の代金として、高木に何か渡したらどうだろうということで、話がまとまる。千代田卜斎は家伝の古びた茶碗を高木作左衛門に渡した。

この話を聞いた主君の細川侯は美談と褒めて、高木を呼び、その茶碗をみたところたぐいまれな銘器、「井戸の茶碗」であることが分かり、三百両で買い取ることになった。

再び高木作左衛門が清兵衛を呼び出し、先例にならい半分の百五十両を先に自分が受け取り、残り百五十両を千代田卜斎へ届けさせると、卜斎は、我が娘を妻として娶ってくれるなら、その支度金として。百五十両を受け取ろうと清兵衛に告げる。

清兵衛がこの話を持ち帰ると、「千代田氏のご息女ならば」と高木は会ったこともない娘を嫁に迎えることに。

「今は裏長屋で貧しい暮らし、お屋敷へ上げてよ～く磨いたらよりいい女になりますよ！」と感激する清兵衛に、高木作左衛門はひと言、「いや、磨くのはよそう、また小判が出るといけない」

まくらもたっぷり振って、全体で、2時間で終演しました。いや～その日は実に皆さんよく笑って下さいました。あれなら演っている落語家さんもさぞ嬉しかったことでしょう。

……そうです、嬉しかったんです(笑)。

そして、西本先生よりアンケートの結果が送られてきました(「今、改めて考える　第一線医療・医学の創造――30年の時を経て」『保団連医療研究フォーラム記録集』収載)。

先ず、どんな方々が参加されたのか……。

1　**年齢性別**

男性…62名　33％
女性…126名　67％
合計…188名
（平均年齢60歳、痛みのある人…145名）

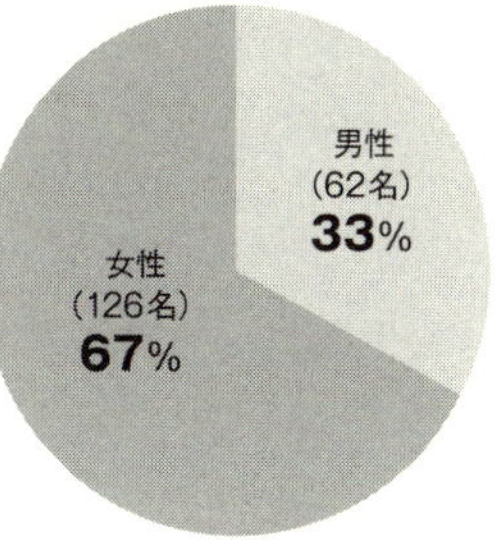

2　**実験参加で病気がある人数（75名）**

高血圧…18名・頸肩腕症候群…9名・腰痛症…9名・糖尿病…7名・癌（大腸／脳／膵臓／乳／胃）…6名・自己免疫疾患（慢性関節リウマチ／潰瘍性大腸炎／シェーグレン症候群）…3名・その他…23名

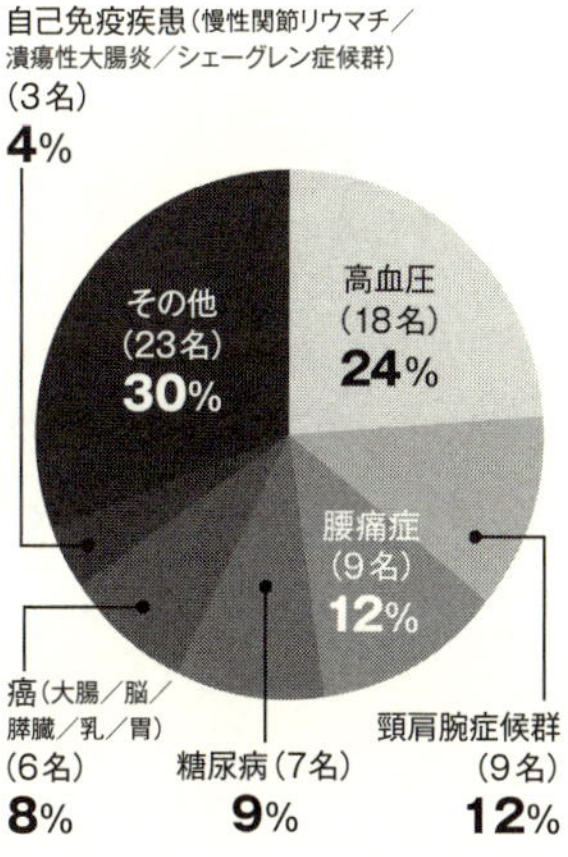

3　「気」が存在すると思いますか？

思う…147名　78・2％
思わない…3名　1.6％
わからない…17名　9％
無回答…21名　11・2％

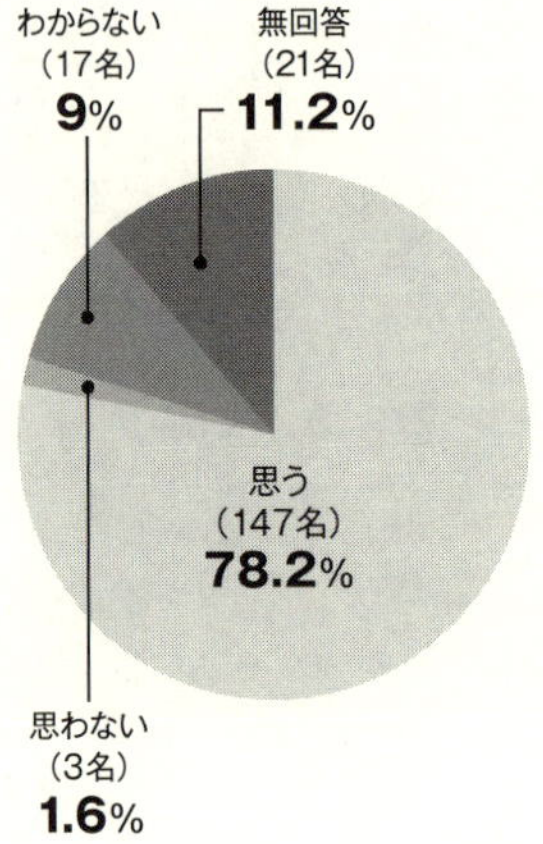

4　笑いの医学的効用はあると思いますか？

思う…166名　88・3％
思わない…2名　1.1％
わからない…17名　9％
無回答…3名　1.6％

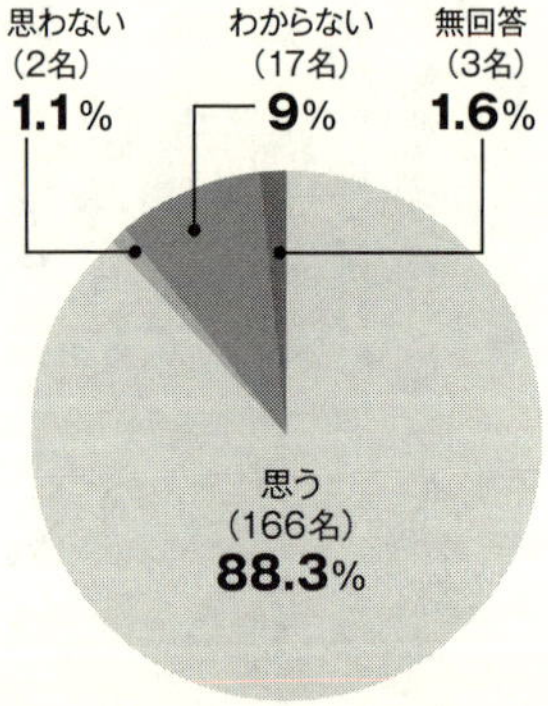

5 落語の寄席、独演会を聴いたことは？（聴いた回数）

初めて…79名 42％
2〜5回…79名 42％
6〜9回…14名 7.4％
10回以上…15名 8％
無回答…1名 0.5％

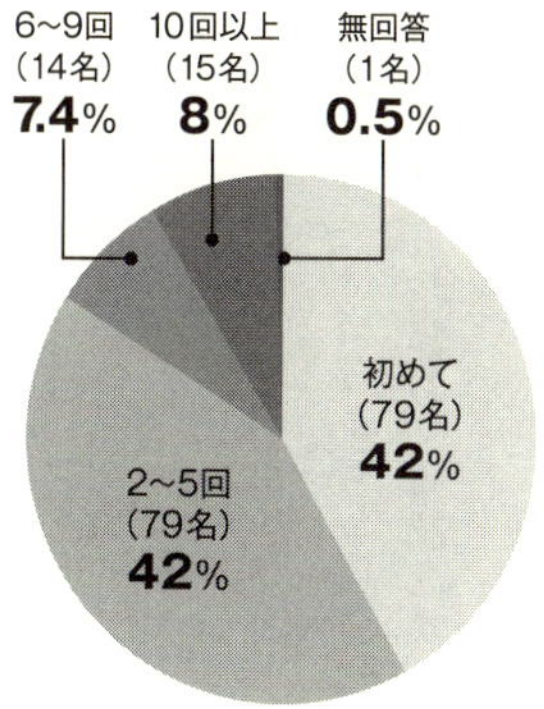

6 柳家花緑の落語を聴いたことは？（聴いた回数）

初めて…176名 93・6％
2〜5回…8名 4.3％
6〜9回…2名 1.1％
10回以上…1名 0.5％
無回答…1名 0.5％

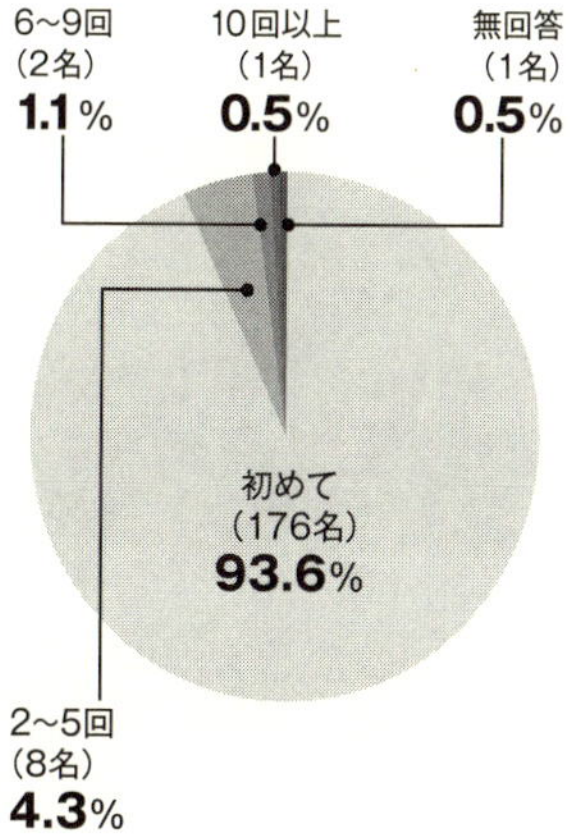

「気」の存在や「笑いの医学的効果」を信じていらっしゃる方は結構多いんですね。
そしていよいよお待ちかね、笑いは痛みに効果があるか？

「『気』が存在すると思いますか？」に「思う」と答えた147名中、111名に痛みがあり。（花緑の）落語を聴いたあとの痛みの変化。

痛みが改善…94名　84・7％
痛みは変わらない…15名　13・5％
痛みが増えた…2名　1.8％

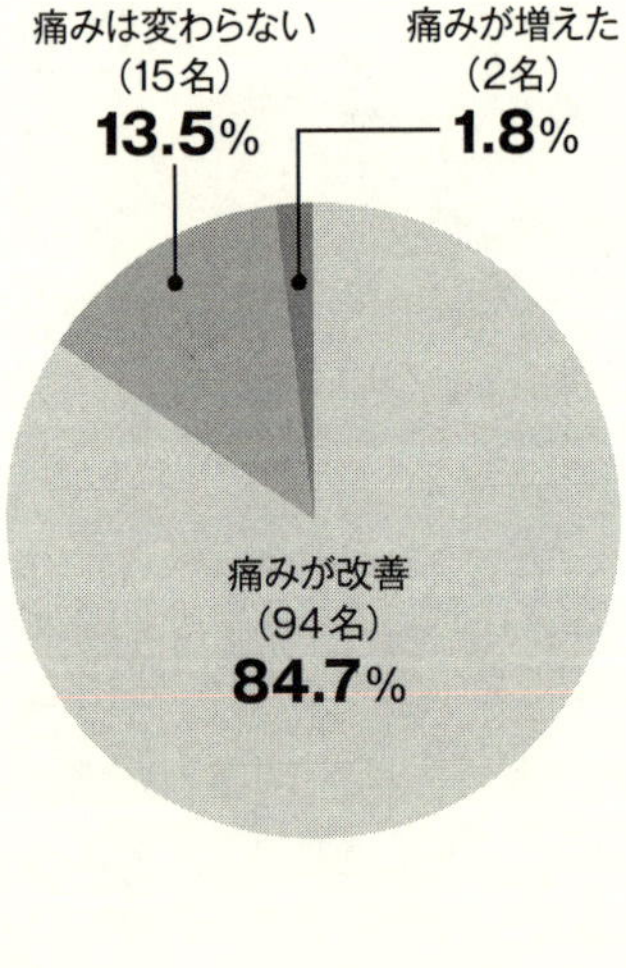

「『気』が存在すると思いますか？」に「わからない」、「無回答」だった38名中31名に痛みがあり。（花緑の）落語を聴いたあとの痛みの変化。

痛みが改善…18名　58・1％

痛みは変わらない…12名　38・7％

痛みが増えた…1名　3.2％

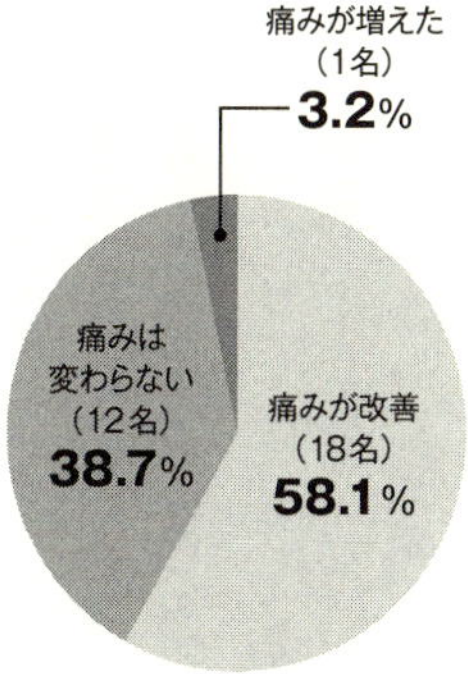

「『気』が存在すると思いますか？」に「思わない」と答えた3名全員に痛みがあり。落語を聴いたあとの痛みの変化。

痛みは変わらない…3名　100％

「笑いの医学的効用はあると思いますか?」に「思う」と答えた166名中129名に痛みがあり。落語を聴いたあとの痛みの変化。

痛みが改善…105名　81・4%
痛みは変わらない…22名　17・1%
痛みが増えた…2名　1.6%

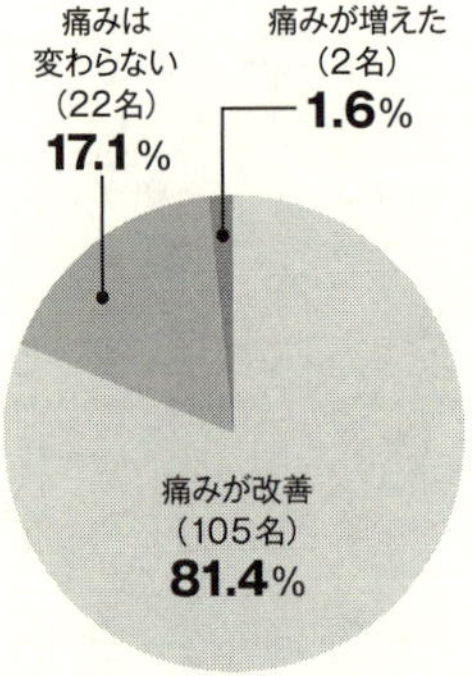

「笑いの医学的効用はあると思いますか?」に「わからない」と答えた17名中15名に痛みがあり。落語を聴いたあとの痛みの変化。

痛みが改善…6名　40%
痛みは変わらない…8名　53・3%
痛みが増えた…1名　6.7%

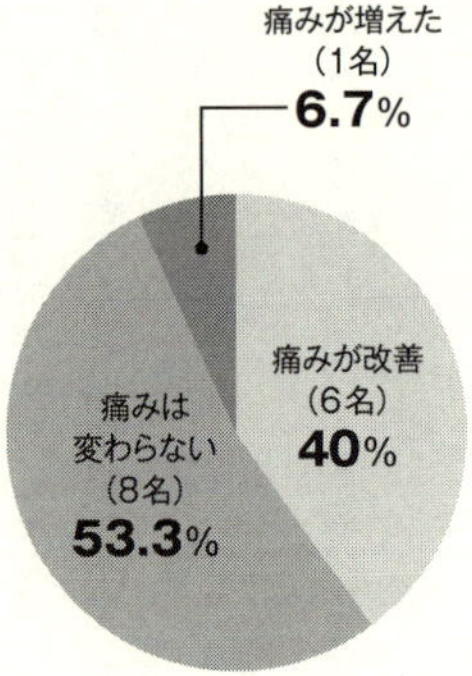

さぁどうでしょうか皆さん。これなかなかいい結果出ちゃったと思いませんか？

だって花緑を初めて聴く人が188人中93・6％の176名もいたんですよ、アウェイな空間のようで……。その新鮮さがかえって良かったんでしょうか？　痛みのある方の約77・1％の人が、痛みが軽くなっていたのです。

ところがー！！！　喜んでばかりもいられません。出ちゃいました！　出しちゃいました！　私の落語を聴いて痛みが増えた人が3名！　笑い過ぎで痛くなったんならいいんですが……。

申し訳ございません。まさか本当に出るとは思いませんでした。

しかも直接にクレームも愚痴もこぼさない。痛みのことは私に何にもいわないなんて、痛み入ります。

2　プラスのことを私はたくさん信じたい

今回の実験で、「笑うと身体にいい」については信憑性《しんぴょうせい》が増したように思います。人は笑うから元気になるんじゃないかと思わせるほどの説得力を感じましたが、皆さんはいかがでしょうか？

しかも**「気」という存在や「笑いの医学的効用」などを信じている人のほうがどうも身体への変化、身体がよくなったと感じられることが多い**ということが分かりました。

私は以前、広島市で講演会を頼まれてやらせて頂いたことがあります。落語会ではなく花緑がめったにやらない講演会です。私はお客さんに先ずこんな質問をしました。「『笑う門には福来たる』ということわざがありますが、皆さんはこの言葉を信じますか？」すると会場にいた1500人ものお客さんのほぼ全員の手が挙がったんです。皆さん信じております。そこで私は、このことわざの意味を説明しました。「いつもにこやかに笑っている人の家には、自然に幸福がやってくる」皆さん、どうですか？『自然に……』ということですが。では、もう一度お聞きします。「笑う門には福来たる」この言葉を信じますか？　すると今度はなんと、さっきの三分の一くらいしか手が挙がりませんでした。つまり、このことわざの詳しい意味までは、皆さん知らなかったんですね。しかも広島市はその講演会の2日前に土砂災害があって被害にあわれた方もおり、とても笑っていられる状況ではありませんでした。

でも、問題は最初に皆さんの手が挙がったことです。ずっと信じて生きて来たということです。2日前に土砂災害があっても、今までの経験上、笑っていると福が来るんだと。

辛い時にも笑っていると、きっと福はやってくるんだという希望にも似た思いを感じました。これは我々人間の願いかも知れません。そして、和歌山県での花緑の独演会の結果にも出たように、笑うと身体も良くなるんです。心持ちだって良くなるんじゃないでしょうか？

でもこれってつまりプラシーボ効果じゃないの？　と思う方もおられるでしょう。プラシーボったって、キシリトールの仲間じゃないんですよ！　虫歯になりにくいとか聞いたことありませんね。といってイソフラボンの仲間でもありませんね。ポリフェノールが入っているわけでもありません。

プラシーボ効果は「偽薬効果《ぎやくこうか》」といって、効き目のない薬でも「これは効きますよ」と聞いて服用すると改善がみられる場合があるという、つまり暗示にかかった状態ですね。

落語に『代脈《だいみゃく》』という噺があります。「医者は技術よりも見た目の信頼感が大事です」、みたいな噺で、これも一理あるなぁと思わせますね。

だから、そこそこの薬を使って処方した場合、信じる力も手伝って、その薬が効き目を発揮して治ることもあるかも知れない。つまり「信じる」＋「薬」＝「改善」。信じるが3分の1。薬が3分の2という感じ。要は治ればいいわけです。違ういい方をすればプラシーボ効果も立派な薬であるという考え方。

名医といわれるお医者さんに掛かるということは、「ああ～この先生に治してもらえばもう安心だ！」とそれだけで3分の1はすでに治ったということになります。今ここで「病は気から」という言葉が浮かんだのは私だけではないはずです。

そう、ですから「信じる」というプラシーボ効果で落語会が成立していることもあるかも知れない。「落語は面白い」「花緑は面白い」と思って客席に座っている人がいたら、ちょっと面白いことをいっただけで「すっげ～おもしれ～！」とそのお客さんは感じるでしょう。

でも、これ反対だったら辛いわけです！

「信じ込む」という行為はプラスもマイナスも効果は同じ。あとでご紹介しますが、実はこの「信じ込む」ということが、「ストレス」について影響するという吃驚《びっくり》する事実が今明らかにされているんです。

だったらプラスのことを私はたくさん信じたいですね。

そして、もっと笑う門を知りたいという思いも強まりました。

花緑の落語は面白い！　花緑は楽しい！　……自分で言っていると楽しくないなぁ……。

3 落語を聞くと血糖値が下がる

今回、私が西本先生と行った「落語と笑い」についての実験は、実はもうすでに研究を行っている先生がおります。**笑いが科学的に健康に役立つという研究をされている、筑波大学名誉教授の村上和雄先生です。**

村上先生は分子生物学者です。その先生が吉本興業さんとのコラボレーションで「笑いは健康にいいのか？」という実験（2003年2月11日、12日）を行っています。

村上先生は、もともと高血圧を引き起こす原因といわれている「ヒト・レニン」（＝腎臓から分泌される酵素で血圧を調整する）の遺伝子の解読に成功した方なんです。それはフランスの有名なパスツール研究所やアメリカのハーバード大学との競争に先んじるもので、先生はノーベル賞の有力候補なんていわれています。

そんな村上先生が、健康に笑いが役立つことを「科学的」、「医学的」に立証しようと、やはり落語家や漫才師を使い実験を行っているんです。

その実験では、**糖尿病の患者さんを集めて、演芸を聴かせた後で血糖値を測るというもので、結果は、血糖値が下がったんです。**

実験を通してたくさんの著書を出版されている先生に、実際にお会いして詳しくお話を聞きたいと思ったところ、快く対談を引き受けてくださいました。

2014年12月、私とマネージャーと編集者とで、筑波から東京へお越しになった先生が指定された都内のホテルに訪ね、数時間、いろいろお話を伺うことが出来ました。その時、78歳の村上先生は淡々とお話をされましたが、随所に笑いが入り、私も編集者も大笑いしながら先生のお話を聞きました。優しさと面白さと熱意を持った先生の話に引き込まれました。

そしてジャンルを超えて本物の持つ空気感。さらに懐かしさも覚えました。それは祖父の柳家小さんが持っていたたたずまいに似ていたんです。

後で調べて分かりました。誕生日が共に1月2日。祖父が導いてくれた気がします。そして色んなお話が聞けて、私はたくさんのプレゼントをいただいた様な気がしました。それもそのはず、お会いした日は12月25日！

私にとって村上先生はサンタクロースでした。最高なクリスマスになっちゃいました！

4　アメリカでは西洋医学を信じる人が減っている

花緑　今日は先生お忙しい中お時間作っていただきありがとうございます。笑いと医学について……糖尿病の患者さんの血糖値が下がったお話とかもいろいろ伺いたいと思います。

村上　笑いはリウマチの痛みの緩和に効くという報告もありますし、アトピーの治療に役立つというのもあるんです。**笑いが病気に効果があるといいはじめたのは、アメリカのノーマン・カズンズ**（1915年6月24日～1990年11月30日）っていう人で、医者から当時不治の病といわれた膠原病《こうげんびょう》（全身の臓器、関節などが炎症し機能障害を起こす病気の総称）を宣告されて、もう、病院にいてもしょうがないもんですから家に帰るんですね。

それで朝から晩まで映写機で、テレビ局から借りた「どっきりカメラ」のような番組を観たり、ユーモア文学を読んだりしていたんです。合わせてビタミン療法としてビタミンCを大量に投与したんですね。そうしたら、動けないほど痛かった身体の調子がだんだんよくなったんです。ノーマンは雑誌の編集者だったんで、そのことを発表したんですね。それが健康と笑いの関係を明らかにした最初のものだと思います（『笑いと治癒力』『続・笑いと治癒力―生への意欲』岩波書店）。

今、アメリカでは西洋医学だけを信じる人が5割を切ったんです。ガンも糖尿病も、西洋医学じゃ治らないですから。じゃ、なんで治らないかというと、なんでそういう病気になるか、仕組みが分からないからなんです。

ただ、あんまり「分からない」「分からない」というと馬鹿にみえますから、分かったように医者は説明しますが（笑）。

ガンに関しても今の医学でなぜガンになったかは、ほんとうには分からないんです。だから、治療はガンの進行を抑えているだけで、治しているわけではないんです。

今の西洋医学に足りないものは何か？

それで、東洋医学があるじゃないかということになった。鍼灸《しんきゅう》もあるし、瞑想もあるし、マッサージもあるし、そして笑いがあって、祈りがあるってことになったんです。でも、日本のほうは、相変わらず西洋医学が主流です。

花緑 おかしいですよね？　東洋にいながら、西洋医学が主流だなんて……。

村上 日本の医学会の大勢は西洋医学ですね。

西洋医学はわりに証拠を得やすいんですよ。血糖値が下がる、血圧が下がる。仕組みが分かりやすい。でも東洋医学はなかなか仕組みが分かりにくい。

でも東洋医学は何千年とやられている治療法ですから、証拠があるといえばあるんですが、科学的、つまり目にみえる証拠（数値）を出しにくいんです。ましてや笑いに効果があるなんて……(笑)。

だから、私たちは、そういう科学的証拠をつかみたいと思っているんです。そうするとお医者さんも一般の人も納得してくれるんです。

花録 しかし、依然として治療というと薬という先入観がありますね。

村上 私の講演で「B&B（漫才師：島田洋七、島田洋八の漫才コンビ。「もみじ饅頭！」のギャグで一世を風靡《ふうび》した）で糖尿病の血糖値が下がりましたよ」って話すんですが、そうすると「B&Bという薬はどこで買えるんですか?」って質問がくるんです。最初は冗談かと思いました。でも、日本の患者さんにとって治療とは薬を飲むことなんです。

だから、**笑いは副作用のない薬**ですね。ただ、笑いは、また聴きたくなる「依存性」があるかも知れませんね(笑)。

花録 「依存性」がお客さんを集める！ だったら落語家にとっては「依存性」バンザイですね！

5　笑いが「細胞」を元気にして免疫力を高める

花緑　先生の研究は、簡単にいえば、笑いで遺伝子が活発になって病気になりにくいということですよね。

村上　はい。たとえばですね、免疫力の中心になるNK（ナチュラルキラー）細胞っていうのがあるんです。これを、「なんばグランド花月《かげつ》細胞」っていっているんですけど（笑）。

花緑　桂文枝《かつらぶんし》師匠の噺で聞いたことあります。なんばグランド花月細胞は傑作ですね！

村上　そのNK細胞が「お笑い」で活性化するんですね。

花緑　まさに笑いの効果ですね。でもなぜ笑うとNK細胞が活性化するんですか？

村上　それが遺伝子のON＝活性化ということなんです。

それを理解してもらうためには先ずDNAです。DNAは、いってみれば遺伝情報のご本尊で、細胞の核の中に収まっているんです。大事なものですから、外部から攻撃されたら困るので、核の中で守られているんですね。働くときには、核の中に〝メッセンジャー〟が入ってきて、DNAから指示書の写しを貰うんです。

その指示書に基づいてホルモンとかタンパク質とか酵素が作られるんですね。ONになるというのは、〝メッセンジャー〟を作るか作らないかということなんです。
遺伝子に発色させるための蛍光色素をつけると、スイッチをON、つまり〝メッセンジャー〟が作られているときは赤くなります。OFFで〝メッセンジャー〟があまり作られていないときは青に近いグリーンになるんです。

花緑　笑いで〝メッセンジャー〟がたくさん作られるんですね。

村上　そうなんです。ここで、ON／OFFというと100％か0％かと思われますが、実際には、もうすこし段階があって、どの程度作られるかも測ることができます。だいたい20％ぐらいから、最高で500％ぐらいまでアナログ的にONのボリュームがあるんですね。

花緑　500％まであるんですか！

村上　火事場の馬鹿力ですね。ふつうなら出ませんけど、人間には何かの拍子に500％の力を発揮することが出来るわけです。今では、遺伝子のON（活性化）の状態を測ることが出来るので、どのような刺激をあたえればいいかの研究が出来るんです。
また、細胞は入れかわっているんです。そのスピードはものすごくて、一日で入れかわるものもあるんですよ。入れかわるというのは、細胞が死んで新しい細胞が生まれかわることですね。そのための遺伝子もあるんです。
死んだ細胞を分解する遺伝子です。たとえばタンパクを分解する場合は、完全に分解するのではなくアミノ酸というところまで分解します。それ以上は分解されないんです。脂肪は脂肪酸まで分解されるんです。

花緑 アミノ酸まで分解されたものはどうなるんですか。

村上 再利用されるんです。だから常にかわっているんですね。日常の挨拶で「おかわりございませんか?」っていいますが、本当はおかわりあるんですよ(笑)。

花緑 細胞が入れかわって他の人になっちゃったりして!(笑)

村上 細胞が入れかわっても、形がかわらないのは遺伝子に情報が入っているからなんですね。入れかわる細胞もそれに基づいて創られています。スイッチがONになることで、その入れかわりのスピードが速くなったり、情報の流れが速くなったりするんです。

花緑 新陳代謝がよくなるということですね。

村上 そうです。笑いでそのスイッチがONになる。

花緑 笑い以外にもあるんでしょうか。たとえば感動するとか。

村上 次はそこを調べたいんです。私は、感動、泣く、喜ぶ、そして「祈り」も遺伝子を

ＯＮにすると思っているんです。それをこれから調べたいんです。

花緑　へぇ～これからなんですね。

村上　とくに「祈り」はね、近々発表出来ると思うんですよ。祈りによってスイッチがＯＮの効果があるってことなんですね。

花緑　先生がプラシーボ効果（偽薬効果）って言ってらっしゃる。思い込みの効果があるとすれば、祈りも効果があるわけですよね。

村上　そうそう。**笑いもそうだけど、祈りは世界中の民族にあるんですよ。**だから祈りでＯＮになる遺伝子があると思うんです。

花緑　その遺伝子は笑いで反応する遺伝子とはまた別の遺伝子なんですか。

村上　同じものかもしれないし、別なものかもしれない。多分、笑いとは別のものもあると思います。

花緑　笑いの種類によって、スイッチのＯＮ／ＯＦＦに違いはあるんですか。

村上　あると思います。爆笑とか。たとえば花緑さんの落語が面白いですかってアンケートを取るんです。「大笑いした」「まあまあ面白い」とか。そうすると血糖値の数値を見ると爆笑した方が下がるんですよ。

花緑　ああ〜笑いの量ですね。

村上　そうそう。笑いの量と質です。

花緑　笑いの質ですか！　質とは、真打ちの人の作る笑いと前座の笑いとかですか。

村上　質っていうのは笑わせる側の技術だけではなくて、笑う側の状況、たとえば、**一人で笑ったか、みんなで笑ったかとか。まわりの環境なんかですね。**質によっても笑いの効果は違うんですね。私たちがやったのは、実験を2日に分けて、糖尿病の患者さんを集めて、1日目は大学の先生の講義を聴いてもらうんですよ。講義は面白くないんですね。

とくにつまらない講義をお願いしたわけじゃないんですよ（笑）。糖尿病についての講義をやってくださいと。糖尿病の患者さんに役立つ話なんですが、血糖値が上がったんですね。翌日は講義のかわりに漫才や落語を聴いてもらったんですよ。するとこんどは平均で123mgあった食後の血糖値上昇が77mgまで下がるんです（一般に空腹時の正常値は80mg〜100mg）。その差は46mg。講義と笑いで差が出るんですね。この実験をやるにあたって友だちの専門医に相談にいったら、そんなアホみたいな実験はまともな人はしませんっていわれたんです（笑）。だから、この実験の結果で先ず分かったことは、私たちはアホだったってことなんですね（笑）。

一同 爆笑

村上 しかし、このデータを見て医者たちの見かたがかわりましたね。面白い！ と、直ぐ発表しようってことになってアメリカの糖尿病学会に論文を発表したんです。糖尿病患者さんは食後には血糖値の上昇があるんですよ。だから、食べたら笑う。笑いセラピーというのを今の医療につけ加えられないかと思っているんです。

註釈：血糖値は血中のブドウ糖＝糖分の濃さを表している。空腹時の一般的基準値があり、食事をとることで血糖値は上がる。糖尿病などで常に血糖値が高い状態になると、血液中の糖分が多くなり、いわゆるドロドロ血液となって、さまざまな合併症を引き起こす危険性が高まる。

6 「笑う」という行為を意識的にするだけで身体にいい

話題が、ちょっとそれますが和歌山県の西本先生が行った実験にこういうのがあります。落語を聴いて笑ったかどうか？ なんて話じゃない。もう相手もいらない！ 「ただ大声で笑う」という実験。その名も「形から入る笑いの療法」。西本先生はこう説明しています。

「形から入る笑いの療法というのを実験しています。落語、漫才、喜劇、コメディ映画などの笑える対象を見聞きして面白い、楽しいと感じて自然と笑うのではなく、全く笑いの対象がない状態でも体操をするように自らが笑い声を出し、笑顔を作ることで、心身を癒す療法のことなんです」

この実験の方法は、私が協力した実験とおなじように、先ずアンケートに自分の身体の状態をいろいろ書き込み、脈拍数を測り、そのあとで体操するかのように大きな声で笑うんです。そして実験前と後で身体の状態、心の状態がどう変化したかを観察していきます。西本先生が、これから学会で発表されると思いますので、ここでは詳しくご紹介しませんが、これもなかなかいい結果が出ているようです。

ようするに人間は形からでもいい、つまんなくてもいい。笑いたくなくてもいい。それでも「笑う」という行為を意識的にするだけで、身体にいいという結果が出たんです。

まぁでも考えてみれば、我々落語家はお客様の身体をよくすることを目的におしゃべりしているわけではないので、落語を聴いた結果、身体もよくなるという特典が付いてくるくらいに思っていただければいいんじゃないでしょうか(軽く逃げています)。

でも「落語を聴いたら身体にいい」というのはちょっとニュアンスが違うと思いますね。

正確には、「面白い落語を聴いたら身体にいい」です（今度は自分を追いこんでいますが）。

つまり落語を聴いても笑えないと血糖値の数値もよくならないんですよね？　つまらない講義を聴くのと同じですかね。ん〜これはこれは、ただいま激しく反省しているところです。

今までごめんなさい。未だにごめんなさい！　これからもごめんなさい！

ではここで反省の小噺をひとつ！

はんぺんが謝ってます。

どうもすみません……はんぺんして下さい。


え〜ここで話題を戻しまして、笑うのは「形からでもいい」という話は村上先生もおっしゃっております。

村上　形だけでも笑うというのも、経験的には効果はあると思っています。面白くなくても笑っているうちに、だんだん面白くなってくる。自分の「アホ」な顔をみているだけで笑えてくる。
あとは「笑《え》み筋《きん》体操」というのがあって、顔には笑いの筋肉がほほとくちびるのまわりにあるんですが、これをマッサージするだけで血糖値が下がるんですね。

花緑　そうなんですか！　ほほとくちびるのまわりをマッサージしてるだけで血糖値が下がるんなら、高座で笑いが足りなかった時には「では、皆さん今日は笑いが足りなかったようですので『笑み筋体操』を一緒にやってお別れです」なんていう落語会も有りかも知れませんね（笑）。

7　ネズミは50キロヘルツで笑っています

そしてこの「笑い」という行為は、人間だけに与えられたものかと思っていたらそうじゃないんですね。他の生き物もどうやら笑っているようなんです。実はネズミが笑っているという実験をした人がいるらしく、村上先生に聞いてみると……。

村上　はい、「笑うネズミ」で研究を発表した博士（アメリカのワシントン州立大学のJ・パンクセップ博士）がいます。でも、本当はね、ネズミが笑っているかどうかはネズミに聞いてみないとわからないんです（笑）。

なんで笑っているといえるかというと、**ネズミはもともと、まとまって生まれて、じゃれあいながら育っていくんです。**それを一匹だけ離して育てるんですね。そうすると寂しがって学習能力が下がるんですね。それをもういっぺん高めるために、ネズミをコチョコチョとくすぐるんです。

それを繰り返すと、ネズミが50キロヘルツという超音波を出すようになるんです。つまりこれが笑いの原型だと思われるんです。

人間にはネズミの声は聞こえませんが、50キロヘルツはネズミからの信号ですね。これがいやなことだと20キロヘルツの信号になるんです。だから50キロヘルツの超音波をネズミが出すと笑っているなと分かるんですね。

それを使って実験するんです。笑っているときに、どの遺伝子のスイッチがＯＮになっているかを調べるんです。

そうすると、ネズミも新陳代謝に関係する遺伝子のスイッチがＯＮになっているんですね。だから、笑いはネズミの健康にもいいんだと思うんです。ただ、不思議なことに私がくすぐるとあんまり笑わないんですが、女性の助手がくすぐると笑うんです（笑）。

花緑　ほんとうですか？（笑）

村上　恐らくそうなんじゃないかと（笑）。女性のほうがうまいのは確かです。笑うネズミの研究のきっかけになったのは、ダライ・ラマとの対話会に出席したことでした。インドのダラムサラ（インド北西部ダラムシャーラーにある、ダライ・ラマ法王を長とするチベット亡命政権がある地区）というところに世界中から人が集まってきて一週間滞在してダライ・ラマと対話するんですね。ダライ・ラマはとても科学に興味を持っている。なんで好きかというと「仏教は心の科学だ」っていうんです。

でも、英語を使って科学と仏教について対話するというのは、なかなかたいへんでした。その対話会のあとに、一人の外国人がやってきて、私の笑いについての話は面白かったが、日本人はあまり笑わないのに、なぜ、あなたは笑いに興味があるのか？　と聞いてきたんです。そこで、あなたは誰ですかと聞いたんです。そうしたらリチャード・ギア（アメリカ合衆国の映画俳優。『愛と青春の旅だち』『プリティ・ウーマン』『シカゴ』など）だったんですね。

私はリチャード・ギアがなに者か知らなかった。なんでリチャード・ギアが面白くもない仏教の話に一週間も付き合っているのかは分かりませんが。ほめてくれたから私の本を渡したんです。そしたら、私の本の推薦文を書いてくれたんです。有名な映画俳優だったんですね(笑)。

そのときに、ある学者が、どうもネズミが笑うかも知れないといったので私は驚いたんですね。それで笑うネズミに興味をもったんです。だからダライ・ラマとの対話にいったから、笑うネズミを研究することにもなったし、リチャード・ギアにも会えたんです。不思議な縁です。


実は、この村上先生とお会いしたあと、ダライ・ラマ法王の講演を聴く機会がありました。2015年4月に有楽町のよみうりホールで行われた「変えよう〝くらし〟守ろう〝いのち〟次世代のための環境シンポジウム2015」というイベントに村上先生が出演されるので伺いました。

その日のテーマは環境についてです。そしてスペシャルゲストが、なんと日本に来日していたダライ・ラマ法王でした。

同時通訳を通してダライ・ラマさんがおっしゃっていたことは、今我々の住む地球には70億の人間がいる。70億人全体のことを自分のこととして考えて生きていくべきだと。自分に関係がないからいいや、ではなくて一人ひとりがみんなのことを考えて生きていく。我々が住めるところはこの地球しかないのだから、ここで70億の人々が暮らしていくことを考える。そして今はそれを行動におこす時である。

20年以上前から、今やろう、今やろうと語りかけてきたが、一向に環境問題はよくならない。むしろ悪化している。今行動におこさなければ地球の環境問題は待ったなしの状況にきている。とそういうお話をされておりました。

なかなか難しいですね。一人が地球全体のことを考える。でも考えること、想像することにはお金がかかりません。その想像したことで未来が作られるのであれば、これは、とても大事なことだと私も思いました。想像力を鍛えることは、今後ひとつのテーマになるかも知れませんね。

しかし難しい。一人ひとりが責任を持って地球の未来を想像する。これ、他人に押し付けてもうまくいかないですよね。未来のために今何かするなんてことは、なかなか本当にはやれませんよね。自分でそうだなと思って自分自身が行動をおこさないと。自分のことだけでヒーヒーいっている時代にです。全体を見る目を持つのはとても難しい。また環境や立場が違うと想像しにくいことだと思いますね。

私がこんなに「難しい」を連呼するにはワケがあるんです。

私が身を置く落語界。これも世界の縮図だと私は思っているんです。なぜかと言うと、宇宙はフラクタル構造（フラクタル：どんなに微小な部分をとっても全体に相似している〈自己相似〉ような図形。『広辞苑』）だからなんですね。

木が1本、2本、4本、8本……と枝分かれしていくように、我々の身体の血管も枝分かれしています。骨も、あばら骨なんかも短い部分から長い部分があります。同じシステムが続いていくんです。同じエネルギーパターンが続いていく。小さいウズが段々大きくなってゆく。蚊取り線香のウズを見ても同じです。宇宙も同じ。太陽系から銀河系、大銀河、そして大銀河が集まってもっと大きな銀河を作っている。

ハッブル宇宙望遠鏡（1990年、アメリカがスペースシャトルで運んだ地球周回軌道上に浮かぶ望遠鏡。大気の影響をうけないため精度の高い観測を行える）が出来たお陰で我々の世界観も広がってきましたよね。そんな宇宙のスパイラルのウズは同じパターンで広がっているんですね。だから小さな部分を見ても同じです。地球が回るが如く、人の体もDNAが螺旋＝ウズになっていて、細胞の中の電子がくるくると回っている。

人体の小宇宙とはまさにそのことだと思います。**大きなものも、小さなものも、この宇宙は同じ構造に出来ている。**つまりつながっているんですね。

私が所属する落語協会という親睦団体があります。他に落語芸術協会。そして円楽一門会。落語立川流。大阪に上方落語協会。落語界にはこの五つの団体があります（つまりプロレス団体みたいな感じ）。

世界がひとつであることを考える以前に、私は落語界をひとつにまとめることが出来ないかなと思ったりします。でも考えると、それはどうも無理そうですっ！！！（ハキハキ言うな！）落語家はわがままな人たちが多いの！　それ誰？　とか聞かないで下さいよ。

実は私は以前に『柳家花緑と落語へ行こう』（2002年・旬報社まんぼうシリーズ）という、それぞれの団体のトップや理事の先輩方と対談をさせて頂いた本を出版致しました。落語立川流家元・立川談志師匠。円楽一門会会長・五代目三遊亭円楽師匠。落語芸術協会副会長・三遊亭小遊三師匠。落語協会理事・春風亭小朝師匠。次の年の2003年には『東西落語がたり〜柳家花緑思いっきり対談〜』（旬報社）で、その4人の師匠方に加え上方落語協会相談役・桂米朝師匠にもお話を伺いました。落語のことや今後の落語界についてなどをいろいろお話をさせて頂きました。その中で「夢の寄席」と題して、東京の四派が合同で寄席の興行を打っているプログラムを作成して見てもらいました。そして東京の四団体をひとつにまとめたいと言った提案もさせていただいた時に（以前、『笑点』の司会をされていた）

五代目の円楽師匠だけが大同団結大賛成と言って下さいました。しかし、他の師匠方があまりいい反応を示さなかった。で、その時私が思ったことは、システムは人の心であると気が付いたんです。先輩方の今まで築き上げて来た歴史と思いがシステムにしっかりと繁栄されている。いや、システムは心そのものであるといっても言い過ぎではない。つまりシステムを変えるということは、その先輩方の思い、心持ちを変えるということなんですよね。そしてその思いにその先輩方の人生とプライドがかかっている。後輩である私なんかが新しいことを提案します！　なんていうのは大変生意気でおこがましいことだと。簡単に聞き入れられることではないということがよ〜く分かったんです。

世界に意識を戻します。どうでしょうか。世界は怖いですね。意見が合わなければ最終的に戦争という名の下に殺し合いが始まるんです。力で奪い取る、または力で守り抜く。この我々が住む地球というところのシステムは、今も原始的ですがこれが現実です。ですから地球の明るい未来を想像する、まわりみんなのことを考えて生きていく。

考えること、想像することは出来るでしょう。私がそう思って私がやってみる。今この瞬間に出来ることとです。ですが、これを「さぁ皆さん！　花緑もやったのだからみんなもやりましょう！」と、これは違うと思います。

つまりシステムをかえるとは、人が人をかえることですから、日常の中だって大変なことです。彼氏が彼女をかえる？　奥さんが旦那をかえる？　親が子供を思い通りにしようとする。先生が生徒を、上司が後輩を、師匠が弟子を……。どれも同じことです。人が人をかえるのは、容易なことじゃないんです。だから究極的には、こう思います。

世界をかえたきゃ自分をかえる

これが、今私の考えうる限りの答えです。

自分が今の目の前の全てを受け入れてしまえば問題は全て消えてなくなってしまうんですね。でも理屈はそうだけど「受け入れる」ことはそんなに簡単なことじゃない。

70億人を背負って責任を持って生きていくのも、生き方のひとつ。

確かにみんなでやれば力は強くなると思います。でも、力で人の心は動かない。もしかしたら笑いが人の心を動かすかも知れませんね！

そのように、想像するのはお金もかからないし、ただです。地球に住むみんなのことを考える、想像してみることくらいは、私はやってみたいと思います。

　では私は、世界のことの前に落語界のことから想像してみます。ん〜……落語家みんなが笑っている。うん、ここから想像したい。それは、みんなが自分の演りたい落語をちゃんとお客さんに届けられるようになっているから。

　やっぱり落語家は自分の演りたい芸が演れることが最高に幸せなことだと私は感じるからです。面白い落語家はみんなに求められる。すると忙しくなる。収入も得られる。だからさらにチャレンジも出来る。

　その未来の落語界は自分の魅力を最大限に発揮してる落語家だらけだから、テレビでもゴールデンタイムに各局が落語を放送するようになる。

　多くの子供たちがサッカー選手に憧れるように、落語家になる夢を抱く。なり手が増えれば聞く人ももっと増える。すると海外にも広がり、それぞれの国の人も落語に興味を持つ。着物に座布団では世界は無理でしょ！　と思うでしょ？　と思ったあなた！　私もそう思います。そこで「同時代落語」の登場です。私が今行っている洋服を着て椅子に腰掛けてやる現代落語です。

　このスタイルだと世界中の人々が、落語をやれるんです。アメリカはスタンダップコメディをシッダンコメディ!? にし、ヨーロッパはシェイクスピアが落語になり、中国は三国志を落語で語り、韓国は流行りのドラマが全て落語で披露され、北朝鮮は喜び組に女流落語家が！中近東はアラビアンナイトも落語になって、ジャングルではシャーマンが神様を笑わせようと祈りを落語で演るようになると、もう世界中そこかしこで落語家が誕生している。

IQより愛嬌だ！　と世界の価値観がかわったところ、戦争もなんだかバカバカしくなり一斉に止めることに。世界中のみんなが笑っている。そんな笑いのたえない地球に異星人が興味を示す。宇宙のあちこちで落語家が誕生して宇宙中に笑いの輪が広がっていく〜！

どうでしょうか？　こんな想像。笑いで目の前のひとりを笑わせ、かえることが出来るのであれば、宇宙中をかえることも出来る可能性がある。ミクロもマクロも同じこと。私はそう想像しました。そうぞうしい話ですみませ〜ん！

8　ストレスがくせ者なのではありませんか？

我々人類が直面している問題のひとつに「ストレス」があります。「ストレス」は笑いの敵なんでしょうか？

でも、ストレスってなんだ？　と聞かれても実はよく分かったようで分からないところがあるので、ちょっとおさらいしておきますと、一般的には生活していくうえで感じる心の不安やプレッシャー、苦痛、苦悩で、心の問題ですね。さらに広い意味では気温が暑いとか、寒いなどといった、身体に対する刺激や状況もストレスといわれます。

心のストレスは、楽しくないことを考えたり、悩んだりすることで溜まりますね。ストレスはいくらでも溜まるけど、お金が貯まらない！　みたいな感じ？　それがさらなるストレスを生んだりして。

だって日常にストレスっていっぱいあるでしょ。

我々は今、ストレス社会といわれる現代に生きています

自分が生き抜くためには、先ず自分のストレスを解決、片を付けないと、他人のことなど気にしていられません。ストレスという大きな壁がある時に、笑ってなんかいられません。「何が、『笑う門には福来たる』だ」と思っている人がいるとすれば、やはりこの「ストレス」がくせ者なのではありませんか？

ストレスを退治しよう。あるいはストレスを退治することは不可能と悟り、ストレスとよ

い関係で生きていこうと、共存する道を受け入れている人もいるでしょう。

または、ストレスがあまりかからないように生きる工夫をしている人。対処療法としてストレス緩和グッズをたくさん持っている人もいらしゃるでしょう。

たとえば、アロマオイルなんかはどうでしょうか？　お部屋の空気がかわれば気分もかわるかも！

温泉なんかも最高ですね！　でも温泉までなかなか行けない都会に暮らす者にとっては入浴剤が強い味方です！　もちろん温泉の素は、今、たっくさん発売されていますから、いいお湯を選びたい放題です。

身体を動かすのもいいでしょうね、バッティングセンターもいい、カラオケで、大声で歌うのもいい、もちろん笑うのもとてもいいんですから、こうやってみると、ストレスを緩和出来るものってたくさん存在しています。

まぁいずれにしてもです。ストレスに対抗、共存、緩和するということは、ストレス＝悪という図式ですよね。

実は今、それとは違う説があるんです。ストレス＝悪ではないとする説。えっ！　ほんとうなの？　と思ったでしょう。では、ストレスとはいったい何なのでしょうか？

9 「ストレスは健康に悪」と思うと、死亡リスクが高まる

突然凄いことをいっておりますが、こんな説をとなえているのが**ケリー・マクゴニガル**さんです。ボストン大学で心理学とマスコミュニケーションを学び、スタンフォード大学で、博士号を取得した心理学者。この先生の専門は健康心理学です。

『スタンフォードの自分を変える教室』(神崎朗子訳　大和書房)に詳しく書かれておりますので、是非お読み頂きたい本です。ストレスに対しての新しい見方です。ここではとても簡単ですが、ご紹介させていただきます。

ケリーさんは、十数年来、健康心理学者として「ストレスは病気の原因になる」と、患者さんに指導してきたそうなんです。ストレスは、風邪から血管疾患までのあらゆる疾病のリスクを高めると信じていました。

ところが、1998年にアメリカで、成人を対象に行われた調査で、ケリーさんはストレスに対して新しい考えを持つようになったんですね。

その調査というのは、1年間で感じたストレスの量や、ストレスが健康に悪いと思うか、という単純な質問でした。8年間の調査で、参加した3万人のうち誰が亡くなったのかをま

とめました。

すると、強度のストレスを受けている人たちのなかで、「健康にとってストレスは悪い」と考えていた人たちの死亡リスクが、そう思っていない人に比べて、43%も高かったそうなんです。

この調査結果から、研究者たちは、「ストレスだけで人は死ぬ」ことはなく、むしろ「ストレスは健康に悪いと思い込む」ことこそ、寿命を縮めることになるという結論を出したんです。そして、この死亡リスクの数値を全米の人口に当てはめて推定すると、なんと8年間で18万2000人になり、全米の死因で15位に相当するそうなんです。

つまり「ストレス」とは全てが悪いものではなく、捉え方で「良きもの」にもなるという説なんです。ストレスは害ではなく、自分を守ってくれるものになるんだそうです。不安や、プレッシャーや過去のつらい経験までがエネルギーの源であるとケリーさんは言います。それは、やはりプラシーボ（偽薬効果）も大きな力になっているようですが、それをも超える「マインドセット」という言葉をケリーさんは使います。科学的に分かったことをきちんと説明して納得した上で実践してゆくと驚くほど簡単に今までの「ストレスは悪」から「ストレスは善」へと人の認識は変化してゆくそうなんです。

たとえば、身体に受けるストレス反応というのがあります。心臓の鼓動が高鳴り、呼吸が速くなって、発汗する。これは、かなりな緊張状態です。そのような身体反応が出る時はどんな時でしょうか？　とても心も圧迫されているように感じますね。これが「ストレス」で身体に悪いということがいえるかも知れませんが、ここで捉え方を変えます。

つまり、心臓の鼓動が高鳴り、呼吸が速く、発汗するのは、脳をフル回転させるために、血流を多くして、酸素を大量に脳に送るためだと考える。「ストレスは能力を発揮させるための準備である」。こう考えるだけでも結果が全然違ってくるのです。「ドキドキしてる〜ダメだぁ」ではなくて「ドキドキしてる〜いま酸素が脳に送られているぅ」って発想を転換しただけなんですね。これだけで人はストレスをむしろ自信としてとらえることが出来るんだそうです。

ケリーさんによれば、ストレスによる身体の反応は、心拍数の増加にともなって、血管の収縮がおこるもので、これにより、慢性的なストレスが心臓病に関係するとされていました。

ところが、研究で「ストレスは有用」と考えることで、心拍数が増えても血管の収縮がおこらなかったんです。ケリーさんは「リラックス」という言葉を使っています。

ストレスに対する思い方をかえただけで、血管は「収縮」から「リラックス」へとかわったんです。心臓が高鳴っているのに血管がリラックスしている状態は「喜びや勇気を感じている時の状態」に似ているそうです。

オキシトシンは愛情ホルモンであり、ストレスホルモンである

ケリーさんによれば、「ストレスは社交的にしてくれる」そうで、それには「オキシトシン」という神経ホルモンが関連しているそうなんです。

調べると「オキシトシン」とは、別名「愛情ホルモン」とも「抱擁《ほうよう》ホルモン」ともいわれて、その名のとおり抱擁するときなどに分泌されるんですね。人間関係を親密にするための大切なホルモンなんですが、ストレスを感じるときに分泌される「ストレスホルモン」でもあるんです。

つまり「抱きしめて幸せを感じる」ということは「抱きしめられて幸せを感じたい」ということでもあるんです。

オキシトシンは、ストレスのダメージから心臓を守り回復させ、さらには強くするんだそ

うです。そしてこの影響は、社会的なつながりで強化されるので、助け助けられることでより分泌され、そしてまた心臓にいい影響を与えるという、いい循環をするんだそうです。

ストレスホルモンでありながら、ストレスから回復する機能も持っている。人間って凄いですね。まだまだ分からないことがたくさんあるんですね。この数十年なんですよ、この実験が始まったのは。でも一般的には日本でもまだまだ「ストレス」＝「悪」になっていますよね。「思い方」しだいなんですね。この「思い方」はとても大事であると、ここで教わった気が致しますが、皆さんはいかがでしょうか？　この「思い方」については、後ほどもっと違う角度からも読み解いてゆきたいと思います。

10　子供は「ぱぴぷぺぽ」で笑う

ところで、人はなんで笑うんでしょうか？　いや、そりゃ面白いから笑うんでしょ？　ってそれはそうなんですが。

落語の何が面白くって笑っているんでしょうか？　要素は幾つか考えられますが、ひとつは、大人は常識に対する非常識で笑っていると思うんですね。

『鮑《あわび》のし』という落語。主人公は甚兵衛さん。〝人がいい〟ので評判です。するとしっかり者の奥さんが山田さんのところへ行って50銭借りといでと言うと、

「ダメだよ！　山田さんはお金貸してくれないよ。この間も3銭貸してくれって言ったら、今、細かいのがないって言われて、じゃ〜大きいお金でもいいって言ったら、大きいのもない。こんな立派な家に住んでてお金がないわけがない。お財布を見せろ！　って言ったら交番へ来いって言われたよ」

「バカだねぇこの人は、お前さんは信用がないからそんなこと言われたのよ」

という夫婦の会話なんですが、ハッキリいって社会性という意味でみたら甚兵衛さんアウトです！　ですが、お客さんは甚兵衛さんのキャラが分かっててこの夫婦の会話で笑ってくれるんです。

この非常識さがおかしいんですね。落語には不条理で非常識な会話が長屋中を駆け巡っております。与太郎さんや、粗忽者《そこつ》といわれる人たちなどもそうですね。

では、子供もこの非常識で笑うのか？　というと実はそうじゃないんですね。

子供にとっては、常識は常識です。そして非常識はどこまで行っても非常識でしかないんです。

あれは私が、笑点でお馴染みの三遊亭好楽師匠がご自宅を改造してお作りになった「池之端しのぶ亭」という寄席に出演させていただいた時のこと。

80人入ればいっぱいの空間に、その日は60人くらいのお客様。真ん中に4人の中学1年生の女の子たち。

聞けば先日、私が学校寄席でやった『つる』がとても面白くってわざわざこの日も聴きにきてくれたそうで、有り難いことです。その日はトリを任されておりましたので『井戸の茶碗』をやりました。

そしてその落語のまくらの部分で、好楽師匠の寄席に今日は初めて出演することが出来て嬉しいという話から、笑点の話題を少しフリートーク的にはなしました。番組の長老であった歌丸師匠はまるで死ぬのを忘れるほど元気でおりますが……と言ったらまわりの大人たちはワッと笑ってくれましたが、この4人の女の子たちが「ひどーい!」と大きな声でリアクションしたもんですから大人たちがまたそれを聞いてワッと笑ったんですね。

子供たちは何で大人が自分たちをみて笑っているのかが分かりません。思わず私が言いました。「非常識なことをいったのは分かってるんですよ! わざとひどいことを今いってるんですよ」歌丸師匠を私も尊敬してますし、長生きしてほしいと思っているんです。

その非常識が花緑の本音ではないことが、言葉のトーンや話題の前後を聴いていれば大人たちは分かるんですが、この女の子たちには分かりません。非常識を笑えないんですね。つまり〝非常識を笑う〟とは「シャレ」なんです。子供はこのシャレが通じないんです。

実は「シャレ」は〝大人のたしなみ〟なんですね。

私の経験上、子供は「シャレ」では笑いません。子供は「ギャグ」で笑うんですね。

変な音、変なリズム、変な動き、変な格好が好きです。ですからテレビのお笑いが笑えないという大人の方たちがいるとすれば、それは「シャレ」じゃなくて「ギャグ」だからです。笑いのツボが違うんですね。

そして子供たちが「ギャグ」の中でもとくに反応がいいのがシモがかったもの。「おならが……」と言っただけで大笑いする男の子がいますね。「おならがぷ〜！」と言ったら大体のお子さんは笑ってくれます。

これは「ぷ〜」の音にも秘密があって、子供はどうやら「ぱぴぷぺぽ」のハレツ音が笑いのツボにハマるようなんですね。

それが分かったのが『寿限無《じゅげむ》』という、あの落語です。

両親が自分の子供に長生きをさせたいと、寺の和尚さんから縁起のいい名前を聞き出し、聞いた名前が縁起がいいからと全部名付けてしまい、世にも長〜い名前が誕生するというお噺。

「寿限無《じゅげむ》寿限無《じゅげむ》五劫《ごこう》の擦《す》り切《き》れ海砂利《かいじゃり》水魚《すいぎょ》の水行末《すいぎょうまつ》・雲来末《うんらいまつ》・風来末《ふうらいまつ》食《く》う寝《ね》る処《ところ》に住《す》む処藪《ところやぶ》ら柑子《こうじ》のぶら柑子《こうじ》パイポパイポパイポのシューリンガンシューリンガンのグーリンダイグーリンダイのポンポコピーのポンポコナーの長久命《ちょうきゅうめい》の長助《ちょうすけ》！」

子供にウケる部分はもうお分かりですね！　パイポパイポの部分からです。ポンポコピーのポンポコナーも面白い！　寿限無が流行ったのはパイポからのくだりがあったからだと思います。

熊五郎は和尚さんに紙に書いてもらいこれを読みます。職人で学がないので字を読むのが苦手な熊さんはひらがなで書いてもらいますが、それでもうまく読めません。そこでパパパパイポ、パパパイパイ、パイパイパ、パパポ……などとなってしまい、うまくいきません。ここがとってもウケます。引き付けおこしてキャーキャーいいながら笑ってくれます。

落語は本来大人のものですから、大人になってから聴いてくれればいいんですが、寿限無などお子さんでも分かる笑いは、私から子供のツボに寄っていって笑ってもらう工夫をしているということなんです。

これは、ＮＨＫＥテレの『にほんごであそぼ』という番組に出演させていただいていろいろ分かったことです。

お子さんは先ず、正しいことを教わるんです。もちろん生きてゆく上で正しいことはとても必要です。

ですが、大人になってから、社会に出てから「正しい」ことの先にある「楽しい」ことを発見するんだと思うんです。「ギャグ」から「シャレ」が分かると笑いはもっと広がってゆくでしょう。

ですから子供のころは無理にシャレを分かろうとする必要もないと思います。大人になればシャレも自然に理解出来るからです。

11　時代劇の悪人だって笑っている

あの～笑い方って人によって様々ですよね。「アッハッハッハ！」と「イッヒッヒッヒ！」では、大分印象が違いますからね。いい人の笑い、悪い人の笑いがある。

映画やドラマでは悪者が結構笑いますよね。また悪い奴ほどよく笑いますよね！　相手を斬り捨てておいて「アーッハッハッハッハッハ！　アーッハッハッハッハッハ！」なんて高らかに。人を小バカにしたような、勝ち誇った笑い方。

悪人が物語の前半で笑えば笑うほど、最後に成敗されたときに観ているほうはすっきりするんですよね。

それに、憎まれっ子、世にはばかる、なんていいますが、悪い奴ほど長生きするなんてこともいわれますけど、やっぱり、あの高笑いのほうが身体にいいんですかね？

こう考えるのも、悪い人が笑って健康になったり、長生きしたりするのは、なんだか釈然としないからですが、実は、この本の筋からいえば、それこそ笑いの力なんだと思うんですね。

つまり「笑い」に善悪はあるのでしょうか？　善なる者の笑いにだけに福がきて、悪い人の笑いには福がこないんでしょうか。

村上先生のお話では、健康に対する「笑いの質」の良し悪しの大半は、〝真打ち〟、あるいは〝前座〟が笑わせるとかいうことではなく、大勢で笑うことが身体にいいという話でした。「笑うこと」そのものには善悪はなく、いい人の笑いでも悪い人の笑いでも笑いは笑い。悪い人であろうが「笑い」で血糖値の上昇はおさえられるはずです。

ここですよね。悪いことをしていても「笑う門には福来たる」。ん〜……でもやっぱり、これ、心情的には結構ひっかかるわけです。

「笑う門には福来たる」は、なんとなく「善」のイメージがありますよね？　というか、福は善人にきてもらいたいし、七福神のように、笑顔には福のイメージがある。

いい人が笑うから福がくる！　みたいな。

でも、考えてみれば、このことわざは、そもそも善も悪も関係ないですよね。笑いが善で、だから笑えば福がくるなんてことはいっていない。

ただ「笑えば福がくる」と善悪を超えたことをいっている。笑いは善というのは勝手な思い込みかもしれない。

だいたい善悪とは何でしょうか？

もし、戦争している国があれば同じ人間同士であっても敵の国は悪ですよね。自分の大事な家族の命を奪ったかも知れない、許せない存在になる。でも、その悪である敵の国の人たちにも、同じように守りたい家族があり、愛情があり、笑いがある。結局、戦争している相手同士からみれば、善悪もお互い様になる。

だから善悪は、ストレスと同じように「考え方」であると思うんです。常識は明日かわるかも知れない。日本も戦中と戦後で価値がガラッとかわりましたよね。

常識は、いつかわるか分からない。

というわけで、「笑う門には福来たる」のスタートである「笑う」を紐解いていきましたが、皆さんいかがでしたでしょうか？

笑うと心と身体にとてもいい。そして心の持ち方、思い方が実は思っている以上に、とても大事であるということが分かりました。ストレスでさえも思い方次第で味方につけることが出来る。

大切なことは「良い薬」を手にいれることではなく、「良い心持ち」を持つことだった。

少し私は、普段の自分の〝思い方〟を軽んじているように感じました。自分の思い方を棚に上げて、身体の故障に愚痴や不満を嘆いていても解決はしません。その病気や身体の不調を自分が招いているなんて、思いもよらなかった。

無論、病には先天的なものもありますから例外もあります。自分がこれから歳を重ねて生きていく時にどんな心持ちで日々を過ごし、日常を積み重ねていけばいいのかが見えてきた気がします。

第一章●「笑う」のまとめ

❶笑いで痛みは改善する。
私の落語を聴いて、77・1％の人が、その痛みが改善しました。

❷笑うと糖尿病の人の血糖値が下がり、ちょうどよくなる。
笑いは副作用のない薬です。免疫力も高まります。笑み筋体操で血糖値も下がります。
ただ大声を出して笑うだけでも身体にいいんです。

❸ストレスが悪いのではなく悪いと思う心が悪かった。
「ストレス」＝「悪」という思い込みをやめてみる。思い方ひとつでストレスだって味方にすることが出来る。

❹大人は「シャレ」で笑い、子供は「ギャグ」で笑う。
大人の笑いは、一般常識という社会の中で作られる。非常識を笑うとは「シャレ」が分かるということ。でも子供はまだ社会性がないので「シャレ」は通じない。子供は「ギャグ」が好き。特に「パピプペポ」に反応する（笑）。

第二章「門には」

浅草「わんこそば大娯」にて

1　「笑う門《かど》には福来たる」は日本人が作った言葉です

「笑う門には福来たる」。なぜ「門《かど》」なんでしょうか？

「まえがき」のところでも書きましたが、辞書には笑う「門」とは「家・家族」としてあります。「門戸《もんこ》」で家や、なかま。入り口。

「いつもにこにこしていて笑いが満ちている人の家には自然に福運がめぐって来る」(『広辞苑』)というふうに書いてあるものもあります。

つまり門＝家・家族・家庭です。

起源は京都の「いろはかるた」となっていて江戸時代の後期に作られたということらしいのですが。それ以前から「ことわざ」として「笑う門には福来たる」は定着していたものと思われます。

発祥は日本のようですが、誰がいつ作った言葉なのかは分からない。もしかしたら中国に起源があると思っている方もおりませんか？　ですが、**「笑門来福」、「笑門福来」という書き方もあり、中国っぽいんですけど日本で作った言葉らしいんです。**

いずれにしても昔の人、我々のご先祖様は何かを知っていたんですね、笑っているといいことがあるかも知れないと。でも昔と今とでは、同じ日本でも住む環境がだいぶ違うと思いますね。もし、今時の映像の世界にありがちなタイムスリップとかしちゃって、この言葉を作った人が今の日本にきたらどう思うでしょうかね？

「福」だらけじゃん！　とみるか「不幸の塊」じゃん！　とみるか。いずれにしても一つだけわかることは「じゃん」とは言わないことですね(笑)。まぁ、どっちの答えになっても興味があります。もしかしたら、昔も今も人はかわらず同じだなぁと思うかも知れないし……。

でも、私が想像するに、昔より今のほうが世の中が複雑化していると思いますが、どうでしょうか？　やはり、みんな真面目に勉強とかしちゃったから全体的に人類が進化しちゃってますよね。あらゆる面で！　でも、複雑過ぎてこの世の中を作った人間自体がついていけなくなっていっている部分もある。頭で考えたことに、心がついていけてない。シンプルに立ち返るのがいいのかも知れませんね……。

ということなので「笑う門には福来たる」のようなシンプルな言葉の読み解きが必要になってくるわけです！　なんて勝手にモチベーションをアゲアゲにしている私です。

さぁ、この文字を改めてみると、門《かど》が家ですから、「門《もん》が付いている家」ということになるんでしょうか。どうですかねぇ、今なかなかないですよね、門がある家。きっとおっきな家なんでしょうね？　それと同様にそんなでっかい家に暮らす大家族というのも少ないんじゃないでしょうかね？

もちろんそういうご家庭もないことはない、あるでしょう。でも、核家族化が進んだ状態が今の日本の姿でしょう。また、一人暮らしもとても多い。門《もん》もなければ家族とも住んでいない。

このことわざが、今の日本には、どうも言葉通りには当てはまらない。私はそう思うんですが、いかがでしょうか？

まぁ、昔の時代に作られた言葉ですから、多少のズレが出てきても仕方がないと思います。問題は「家族」とひとくくりにしている部分。一緒に暮らしていない場合はどうなのか？逆に一緒に暮らしている他人はどうなのか？　一人暮らしは？　シェアハウスのみんなはどうなる？（落語に出てくる長屋も同じだけど？）

そこで突然ですが、こんな解釈はどうでしょうか？　お一人様から団体様まですべてに福を！

おひとり様用→「笑う『人』には福来たる」

団体様用↓「笑う『集まり』には福来たる」

このふたつが現代人のすべてに当てはまる新しい解釈ではないかと思われます。

つまり、個人からグループまで、「カド」が取れて「モン」が開かれた状態！（うまいっ！）

グループには、たとえばチーム、クラス、班、団体、組織、一門。そしてもっと拡大すれば地域であり、村であり町であり国でもあるかも知れない。もっともっと広く捉えれば星!?

そして、個人に当てはまるということは、もしかしたら団体様用とかは、既にいらないかも知れませんね。個人の言葉になった時点で「すべて」の人に該当していますから、家の状態はいずれでもいい形に昇華しています。

ただ、団体様用をちょっと残したい理由があって、「家族」にまだ少しこだわりたいんですね。グループで集まってみんなで和気あいあいとしているさまがとても福々しく感じられるからなんです。第一章で村上先生もおっしゃってました。「一人で笑ったか、みんなで笑ったか」と。

2　後光が差しているのが「光」です

「オーラ」というのが「光」なのか「熱」なのか「電磁波」なのか「気」なのか、様々な説があり、今のところ明らかにはなっていませんが、私は「後光が差す」という言葉があるように、光の一種なんじゃないかと思うんですね。

後光というのは、もともと仏様の後ろに放射状に広がる明かりの輪ですが、そこから「人」の後ろに五筋に明かりが差す状態を模して「光」という字になったそうです。

じゃ、はたして、人間の身体から光が出るのか？

私は出ていると思うんです。人間の身体は（村上和雄先生によれば）約60兆個の細胞が集まって出来ています。その細胞はさまざまな原子が集まって出来ており、さらに原子の核は陽子と中性子で出来ていて、そのまわりを電子がクルクルと回っているんですよね。

いってみれば人間自身がエネルギーの塊ですから、なんらかの形で何かを放出していると考えることは自然なことだと思います。私は、オーラはどんな人にもに出ていて、ただ、それが強い人と弱い人がいると思うんです。

そして、人間を構成する細胞や原子が活発になると光の輝きは強くなり、停滞すると光が鈍くなる、私はそんなふうに想像するんです。

じゃ、原子を活性化させて、オーラを強くしている原動力はなんなのかというと、そのひとつが「笑う」ということなんじゃないでしょうか。

村上先生のおっしゃる遺伝子ONにつながるんだと思います。

「笑う」以外でオーラを強くするものとしては……

感動すること
ワクワクすること
チャレンジすること
感謝すること
祈ること

これらが、オーラを強くする正体。輝きのエサ!?　ではないでしょうか。これらの思いによって人は輝いている。反対に……

愚痴ること
不平不満をいうこと
泣き言をいうこと
つねに不安に思うこと

これが、オーラを弱くする。輝きを少ない状態にしているのではないでしょうか。とくに不安。これが一番心と細胞によくないと思いますね。オーラの輝きを鈍いものにしているかも知れないですね。

だからオーラは自分の心掛け次第で明るく出来るんじゃないかと思うんです。その人の生き方が輝きに現れるんじゃないでしょうか。

「団体様用」の言葉「笑う『集まり』には福来たる」に福々しいものを感じるのは、人が光であるならば、集まればその光が大きくなるというふうに思うからです。

手前みそになるかも知れませんが、2003年に結成した「六人の会」。

春風亭小朝師匠、笑福亭鶴瓶師匠、林家正蔵師匠、春風亭昇太師匠、立川志の輔師匠、そして私、柳家花緑が流派、団体の垣根を越えて結成したメンバーで、小朝師匠が筆頭となり、さまざまなアイデアを打ち出していろんな落語会の企画を行なって参りました。その中でも一番大きなイベントが「大銀座落語祭」（２００３年～２００８年）。銀座のたくさんの会場を５日間お借りし東西の落語家が１００人以上も出演してどの会場も満員になりました。落語界の歴史の中で最大のイベントが東京のまん真ん中で行われた記録的な会でした。お陰様で、あの時の落語ブームから落語ファンになって聴いて下さるようになった人が多かったようです。

そして、現在進行形では今、六代目三遊亭円楽師匠が「博多・天神落語まつり」というイベントを福岡県の博多で行っております。私も出演させていただいておりますが、昨年の２０１６年には10周年をむかえ、東西合わせて64人の落語家が出演をして４会場を４日間、５万人以上の九州中の落語ファンのお客様が集まり大成功をおさめました。毎回盛況で、きっと今後も続いてゆく落語イベントです。

だから、たくさんの人が集まって、みんなで楽しんでいるのは、とてもいい場になると思うんです。空間が浄化されるような感じがします。とくに落語会は「笑い」のイベントです。

お客様が満員の大きな会場で、みんなが笑って下さると笑いも大きくなります。笑わせる出演者もみんな和気あいあいとして楽しんでいるんです。

ここで私はある言葉を思い出します。

「暗い暗いとなげくより、自ら光ってその闇照らせ」（『笑顔で光って輝いて』小林正観著）

文句や愚痴をいくらいったところで、事態は好転しないんですね。自分が光輝くことで事態は動いていきます。この言葉は、小林正観さんから教えていただいたものです。

正観さんとは生前、私がファンで何度も講演会へ行ってお会いし、一緒にイベントも行いました。たくさんのことを教わりましたが、大事なことは一点。それは「実践」だと教えていただきました。

知っていてもやらなければ知らないことと同じだと。これは、自分の生き方になっています。暗い暗いとなげくより、自ら光ってその闇照らせ。先ずは自分が光ること。そして光り続けること。

3　エゴはダメみたい

村上和雄先生とこんなお話もしました。

花緑 村上先生は、ダーウィンの進化論には一部否定的で、動物は弱肉強食だが、人間はそうではないから発展したとおっしゃっていますが。

村上 今、コンピュータを使って人工生命の進化のシミュレーションが出来るんですね。ふたつのモデルを実験するんです。ひとつは自己中心の集まりで、エサはぜんぶ自分で独占しようとする弱肉強食モデル、もうひとつは適当に分けあうモデル。こうすると自己中集団は、はじめのうちは、ものすごく勢いを増すんですが、そのうち喧嘩がはじまって共倒れになる。

一方の共存集団はなかなか増えていかないんですが、結果的にギブ・アンド・テイクが出来て残るんですね。

花緑 助けあっていかなければいけないんですね。いろいろ。

村上 弱肉強食もあるんだけど、やっぱり助けあって生きている。**細胞はほかの細胞と助けあっているから臓器になっている。**さらに臓器もそれぞれの臓器で助けあって機能している。

だから助けあいの遺伝子ってあると思うんです。「利他の遺伝子」。そのうち科学で説明が出来るようになると思うんです。

情けは人のためならずで、情けは天への貯金のようなもので、天に貯金があるということは、地上銀行と宇宙銀行があって、地上銀行はつぶれても、宇宙銀行はつぶれないんです。

私は非常に運がいいんですけど、それは天の貯金がおりてきているんだと思うんです。でもそろそろ天の貯金がなくなりかけているから、貯金しなければならない（笑）。

花緑　そのシミュレーションによれば格差社会もダメだということですよね。

村上　そうです。格差でも環境でも、自分のエゴだけでこのままいったらダメになります。利他の精神というのが必要です。ビジネスでもそうだと思うんです。京セラの稲森和夫さん（日本航空の再生に活躍、著書に『生き方——人間として一番大切なこと』（サンマーク出版）『稲盛和夫の実学——経営と会計』（日本経済新聞社））の起業精神は利他の精神です。いかに自分が儲かるかではなくて、世の中に役立つか。それが結果として儲けにつながっているわけです。

私は村上先生との話に「集まり」の在り方がここにあると思いました。助けあい。これは人と人以前に細胞と細胞が助けあって生きている。身近にお手本があるということでしょう。

4 頑張り過ぎちゃった人のはなし

「良いこと」「悪いこと」ってものごとをはじめから決めてかかると、おかしなことになることがあるんです。

つまり「悪いこと」も苦手意識を持たずに「良いこと」に思おうとする。これはとても「良いこと」ですよね？ でも、良いことに思えるんですが、実はここにけっこうすごい落とし穴が存在しているんです。

私の知り合いですが、とても頑張り屋で、少々のことではへこたれない。「笑っていれば、人間どんなにつらくても乗り越えられる！ むしろつらい時こそ笑って過ごそう！」と信じて、そしてその通り実践をして、笑って日常のいろんなことを乗り越えておりました。

そのことが、書籍になり、学校での講演会もたくさん行い、とても忙しい日々を送っておりました。でも、そんな暮らしを10年も続けていたある日のこと、だんだんと気持ちが辛くなってきます。

そして心に浮かんだ思いは「疲れた」「嫌だ」「辞めたい」「休みたい」「サボりたい」。これらはもちろんその人にとっては悪い気持ち「悪いこと」です。ですからこれらを「良いこと」

に思う。つまり笑ってにこやかに大丈夫、大丈夫！　と言って自分のSOSを認めない。

一見「笑いながら」というと優しいイメージのようですが、疲れてヘトヘトな身体、それを支える精神がボロボロになって「休みたい」と言っているのに「大丈夫！　笑って！」と迫るのは、少々狂気じみております。

私からすればそれは力業です。これ、身体の立場からみたら、「うるせぇ！　休みてぇとか言ってんじゃねーよ！　バーカ！」と言われているのと同じです。その人は、ついに芯から疲れきってしまい、一日中布団の中から出られなくなってしまいました。

とても辛い日々が続きました。そしてだんだんと時が経つにつれて、回復していきますが、それは、ものごとの見かたがかわる発見をしたからなんです。

「ダメな自分」と思いこんでいたものを受け入れたんです。

今の自分を「疲れた」「嫌だ」「辞めたい」「休みたい」「サボりたい」と戦わなくなったんです。素直に受け入れる。別に「疲れた」ら「疲れた！」でいいのではないか。

「悪いこと」を「良いこと」に思ったのではなく、はじめから「悪いこと」なんてなかったんです。「悪いことだと思いこんだことがよくなかったこと」に気が付いたんです。「ストレス」の話と全く同じなんですね！

辛かったら休む。
疲れたら「疲れた」と言う。

これは、「悪いこと」ではなく「普通のこと」でした。上昇志向という、「もっと頑張ろう！」と自分を追いこみ過ぎたことでおきた出来事だと私は思います。

ですから皆さんにお聞きします。「悪いこと」ってなんですか？

5　すべては中立である

コップ半分の水。「なんだぁ半分しかねーや」とこれは否定的です。「やったぁ！　半分も入ってる」これは肯定的です。良いも悪いも人間の見かた次第ですね。私たちの暮らす「宇宙」はどうもそういう価値観ではないようなんです。私たちも「宇宙」の一門みたいなもんですから、宇宙の感覚で考えてみると、「150cc入るコップに75ccの水が入っている」で終わりなんですね。これがどうも宇宙の実態のようなんです。つまり、ただそのものが存在している感じです。

これを別のいい方をすれば、**幸も不幸もない、そう思う心があるだけ。**

という物の見かたになります。

良いも悪いも人間がそう思っているだけなんですね。第一章のストレスの話と同じなんです。すべては我々の思い込みに過ぎない。結局ストレスもない。良いことも悪いことも何にないものが宇宙。すべては中立なんですね。

シンプル過ぎて捉えにくい。それが宇宙のようです。価値観とは我々人間が勝手に付けたもの。

時代や国や個人によって実にコロコロとかわるものです。もし仮に、そんな風に宇宙にココロコロとかわられたら、我々はついていけません。ですが我々人間は「センス＝感性」によって幾つもの価値観を作りだしてきました。落語家は「扇子《センス》＝仕草」で扇子を割り箸に見立てておそばを食べる仕草を作り出してきました（って関係ない話です）。

絶対的な価値ってあるんでしょうか？

お金にしてもそうです。もし、10万円というお金が目の前にあったとします。好きにお使い下さいといわれて誰でもが喜ぶかというと、その人の状況によってリアクションは全然違うことになると思うんです。

まぁ落語に出てくる長屋の人たちは、お金のない人たちばかりですから、皆喜んで受け取ると思いますが！　『芝浜《しばはま》』の勝五郎だったら酒を買って直ぐ呑んじゃったり、『文七元結《ぶんしちもっとい》』の長兵衛さんだったら、博打を打つ金に消えていき、『唐茄子屋政談《とうなすやせいだん》』の若旦那は、吉原で遊ぶ金に使い、『御慶《ぎょけい》』の八五郎だったら昔の宝くじである富くじを買ったり、『権助魚《ごんすけざかな》』の権助だったら、その金で今川焼きを腹いっぱい食べることでしょう。ですから、人の死だって、絶対的な価値基準はないと思うんです。

悲しいこととは誰もが分っていても、人の死をニュースやテレビで目撃しても、大変なことがおきたなとは思いますが、心の底から悲しんでいる人ばかりではないと思います。それが証拠に会社を休む理由に「今朝のニュースで観たんですけど、ある国で自爆テロがあり大勢の人が亡くなったので、悲しくて仕事が手に付きませんので会社をお休みさせて下さい」といわれても困りますよね。

宇宙から見れば死そのものは中立です。死＝悲しいというわけではないという話です。

名作落語の『らくだ』の主人公なんか、人にたくさん迷惑をかけてきたので、死んでしまったら長屋の人たちが全員喜んだという話ですからね。

ですからここでいいたかったことは「悪いこと」と決め付ける行為は、他人がどれだけ善し悪しを語っているからといって、最終的にはあなたが決めた価値観だということです。「悪いこと」を「良いことにみる」は大前提として、先ず「悪いこと」というレッテルを貼るところからはじまっているんですね。

宇宙の目線でみると、中立なものにわざわざ否定的なレッテルを貼っているという考え方です。そこのまずレッテルを貼るというスタートに問題があるんです。

苦手なもの、知らなかったこと、自分の価値観とは違うものも、認めて受け入れていくことができれば人生はもう少しリラックスして生きていける気がするんですがねぇ。

6　自分がどう思うのか？

超きたことをくよくよし、文句をいって、自分は傷ついたんだと主張していた20代前半の私は、今ほど人生は面白く思えなかったんです。あのころは、そんな自分の心を収める手段がなくて、叫びつづけるしかなかった……ってそれじゃ～まるで、尾崎豊さんだ！　そう、伝説のシンガー、尾崎豊さんに自分を重ね合わせながらカラオケで歌いまくっていた時が懐かしいです。「15の夜」「卒業」「シェリー」……。

宇宙が中立だなんて話、そのころはまだまだ知らなくって、「聞いてよ！　ずいぶんひどいことといわれてさ、今日一日最悪な気分なんだ」なんて被害者意識たっぷりになって、笑って過ごせるはずの時間を、愚痴をメインに友達と過ごした日がたくさんあったんです。あの時はほんと親友に助けてもらいました。中学からの親友で、今でもお陰様で付き合いが続いております。そのころの自分をみて今はこう思うんです。

傷付けられたといって落ちこんでいるということは、自分の心の主導権が自分にはなくて、世間にあるといっていることになるんだぞ。

私は口だけ達者で言い訳ばかりを繰り返していたと思います。

今の自分と昔の自分。前世の記憶のように違う自分のような感じがしています。たとえば先日、町でおきたこんな出来事もきっと今と昔とでは、だいぶ感じ方が違うと思います。

山手線に乗って高田馬場から渋谷まで行こうとしていた時のことです。

乗車しようとする扉から車椅子の方が降りて来ようとしておりました。駅員さんが折り畳んだ板を広げて電車とホームの間に橋渡しをしていたんです。

私はそれを見て時間がかかりそうだったので、隣の扉から電車に乗りこみました。そしてひとつ空いていた席に座り、車椅子の降りていった扉を見ると、車内にはもう一人、車椅子に乗ったご年配の男性がいて、その奥様と思《おぼ》しき女性が角の席に座りながら、今、車椅子のお客様を降ろした駅員さんと話をしておりました。

聞くともなくその会話を聞いていると、どうやら次の駅の新大久保で降りたい。その時、この橋渡しをしてくれませんか？　と頼んでいたんです。もちろんその駅員さんは高田馬場の駅員さんですから「いや、それは出来ません」と断っております。「どちらからご乗車になりましたか？」「秋葉原です」「その時、駅員に一声かけましたか？」「いいえ、何も言わず自力で乗ってきました」「そうですか、少しお待ち下さい」

つまり、高田馬場の駅員さんはこれから新大久保の駅員さんに連絡をして、OKを取ってから電車が発車することになったのです。「連絡しておきますから～！」というわけにはいきません。隣の駅ですから、発車したら直ぐ着いちゃいます。その時に連絡が着いてないと降りるのに橋渡しが間に合いません。

たまたま駅員が傍にいたから話しかけましたが、一体この人は、この駅員さんがいなかったら次の駅でどうするつもりだったのでしょうか？　でも見るとちょっとつらそうなお顔をしておりました。多分、具合が悪いんだと思いました。

なかなか連絡が付かないのか発車しません。場内アナウンスが流れます。「ただいま、車内点検を行っております。お急ぎのところご迷惑をおかけいたします」という適切ではないけど、理由《わけ》があって、今、停まっているのさ！　というアナウンスです。

そしてここが、リアクションの分かれ目です。昔の私なら「運が悪いなあ」と思いながら舌打ちをしていたかもしれません。

なかなか発車しない電車にイライラしたに違いありません。でもこの時の私はイライラせずにおりました。しかも傍で見ていて事情が分っていますから、電車が出るまでひたすら待っておりました。この山手線が結果4分ほど停まったんです。

その間にも人が乗ってきますから、ラッシュでもないのに車内はどんどん無駄に混んできます。昔の私ならかなりイライラしたことでしょう。その時も周りの人達のイライラの空気が広がっていくのを感じました。

私はジタバタせずに流れに身を任せようと思って車内にいたら、思わぬ面白いことに遭遇しました。

〝とってもラッキーな人！〟を見たんです。

電車が４分間停まっていたんですが、その停まっていた３分くらいの時に「あっ、降りなきゃ！」って突然降りたおじさんがいたんです。

え――――！　今――――！　って思いました。おっそー！　もうビックリしてシャックリ止めて、腰ぃ抜かして、座りションベンして馬鹿んなっちゃうかと思うほどでした。

その人はふつうに発車していたら完全に乗り過ごしていたんですね!?

あの人ラッキーだなぁ～って心の底から思って見ていましたが、車内でそう感心している人もおりませんでした。

ですから昔の私ならこの面白い出来事を見過ごしていたと思うんです。イライラしていれば目の前の出来事を面白くはとらえられない。人生はすべての場面で「自分がどう思うのか」の連続なんですよね。「面白い」という視点を持つことを今は大事にしています。日常は自分がどう思うかの積み重ねです。**自分の心の主導権は自分が持っていたい**もんですね。

7　心は音叉《おんさ》である

え〜音楽で使う道具で音叉《おんさ》というのがありますよね。チューニングに使う道具です。昔、小学校の音楽室で使った覚えがあります。

同じ振動数の音叉を、二つ並べて片方を叩くと、もう片方は叩いてないのに同じ音が出るんですね。いわゆる共鳴がおこります。実は心も同じようなんですね。

YouTubeの動画で以前観たことがあります。どこか外国だったと思いますが、バス停でバスを待っている人たちのなかの一人が突然ケラケラ笑い出します。はじめはまわりにいた5、6人くらいの人たちは怪訝《けげん》そうな顔をして見ておりましたが、その内になんだかまわりの人が一人また一人と同じように笑い出します。終《しま》いにはバス停で全員が笑っているという可笑しな状態がおこりました。何で笑っているのか、全員が分からないまま、ただただ可笑しくて笑っているんです。この実験は電車内でも行われていましたが、その時は全員とまではいかないけれど、つられて笑う人が数人おりました。これが共鳴です。

ですから「笑い」は一人であっても自分のために笑ったほうが身体にいいことは第一章で分かりましたが、みんなで笑うと、もっと面白いことになるんですね！

いい大人がゲラゲラ笑ってばかりいると世間からアホに思われやしないかと気にする方もいらっしゃるかも知れませんが、いいんじゃないですか！　世間からどう思われたって！　自分はゲラゲラ笑いながら健康で長生きをして、そして、世間からは笑ってばかりいてあいつはバカか？　と思わせれば最高です。

その時は丈夫な身体になっていることでしょう。昔から〝バカは風邪引かない〟っていうじゃありませんか！　だから、そんな人たちが集まっちゃってゲラゲラ笑っていたら楽しいですよ。「共鳴」がおこりますから、すごいですね。普段あんまり笑わない人でもそんな人たちと一緒にいるだけでゲラゲラ笑う人になっちゃうんですから。ですが、「共鳴」は何も笑いだけにおこるわけではありません。困ったことに「怒り」や「暴力」も同じように「共鳴」すると思うんです。

だから「集まり」があった時、何を共鳴させるかがとても大事ですし、あなたの意志で「集まり」の場所を選択することも大事になってくると思います。**楽しい笑いのある「集まり」に顔を出す**のがいいですよねぇ。

8　違うもの同士が集まったのが家族

家族という集まりは価値観が違うもの同士があえて組み合わされたかのように感じます。そういうグループ分け（!?）がされているものだと思うようにしております。誰がグループ分けをしたのか分かりません。神様なのか宇宙なのかあみだくじなのか……とにかく、問題がおきるように、はじめから設定されているのではないかと思うのです。

しっかりものの奥さんと、粗忽《そこつ》なダンナとこまっしゃくれた息子が出てくる『堀之内《ほりのうち》』とか『真田小僧《さなだこぞう》』のような家庭ですかね。

あの……誤解のないように話を運びますが、私は祖父のことも叔父のことも母のこともそして兄のことも尊敬しております。そして何より妻のことも大事に思っております。家族は私にとってとても大事な存在です。

ですが、いわゆる占いのようなものをみても相性バッチリとはいきません。血液型、性格、いろんなものの好みも兄弟、親子で違います。そこを妥協したり許したり認めたりしながら過ごすのが家族であると最近つくづく思うんですが、どうでしょうか皆さんのご家族は？

私がこんな風に家族をみているのには私なりに影響を受けている考え方があります。

以前、『サイン～神様がくれた、幸せの羅針盤～』龍&アニキ著（武田ランダムハウスジャパン）という精神世界系の本に出会ったからなんです。内容がとても面白い。この著者はご兄弟です。お兄さんがイタコ状態になれる。つまり聞こえないはずの声が聞こえる人。そして弟さんがインタビュアーです。

この二人の会話なんです。兄弟で話をしているだけの本です。でも、その神様となって話すお兄さんと弟の龍さんの軽いタッチの会話の運びが、まるで落語みたいで楽しいんです!!

その内容の素晴らしさと面白さに感動した私は、出版社に直談判し、このご兄弟にアポを取り、落語にする許可を貰いにいったんです。

『サイン』のシリーズは3冊出版されました。それを私がひとつの会話劇に、つまり落語にしたんです。少し紹介させてください。こんな感じです。

僕「神様って、普段どこにいるんですか」

神「いつもいるところは決まってないんだ。人のいるところが一番落ち着くね」

僕「あっ、じゃ、今も僕の前にいて落ち着いてくれてるんですね。でもどうして、神様はもっと分かりやすい形で人の前に現れないんですか？」
神「なぜなら、発見する喜びを人に与えたいからです。人の成長が私たちの喜びです」
僕「神様は好きな食べものは……っていうか、普段、なんか食べて生きてるんですか？　お供えとか……」
神「肉体がないので食べません」
僕「あーそうかそうか！　食べる必要がないってことですね」
神「でも、エネルギーは補給しますよ」
僕「どうやって？」
神「人の喜びがエネルギーになります。人の行動がそのままパワーとなります」
僕「なるほど！　っていうか、はなしている神様は肉体ないんですか！！　僕にはそこにいるように見えていますが」
神「いい質問です。これが神を落語で演じる上での欠点です！」
僕「なんですかそれ!?」

こんな具合に、まるで落語に出てくるご隠居さんと職人の八五郎の会話のように話が進んでいきます。そして、話題は、あの世の話から今、私が一番聴いてほしい部分へと突入します。

神「ではここで、いわゆるあの世の話をしましょうか？」

僕「はい神様、あの世ですか。死んだら、もれなく、みんなで行くところですね」

神「そうです」

僕「三途の川とかあるんですか？」

神「はい、川もあればお花畑もあります。それはそれは、美しいところですから今から楽しみにしていなさい」

僕「はーい！　楽しみにしています！」

神「皆それぞれ会いたい人に会い、したいことをします。では、ここで一つあの世の秘密を教えましょう」

僕「はい、お願いします！」

神「あの世では、たとえばリンゴが食べたいと思った途端に、もうリンゴは目の前にあり、皮を剥きたいと思えば、剥いたリンゴがお皿にのって出てきます」

僕「便利ー！　いいですねあの世！　え、え、出てくるのは食べ物だけですか？」

神「それだけじゃない。家も車も夕焼け空も、自分の望むものはなんでも体験出来る」
僕「すっげ――！　超楽しみあの世ー！！！　あれっ……すみません神様。信じられないような話なんですが、今聞いていることってほんとうなんですか？」
神「ほんとうのことだよ」
僕「いや、なんかおかしいなぁと思って。……だってそんなにいい世界なら、ずっとそこにいましょうよ自分。なぜいない！　あっ分かった！　神様に強制的にこの世に連れてこられちゃう」
神「それは誓ってないことだね。人間は全て自由意思で生まれ変わってくる。神は見守り、ただサインをおくり続けるだけだよ」
僕「えっ、じゃ誰に言われて僕はこの世に生まれてきたんですか？　親とかですか？　ダラダラしてないで早くいってらっしゃい！　みたいな学校にいかされる感じで……」
神「そう、そこだよ。誰に言われて、君はこの現世へとやってきたのか」
僕「はい、誰ですか」
神「……自分だよ」
僕「へっ！　……自分？」

神「そう自分」

僕「自分って自分？　……僕？　僕は僕だけの意思で、この世にやってきたんですか？」

神「そうです」

僕「え――――！！！　そうだったんですか？」

神「ではここで、とっておきの秘密を教えましょう。魂が人間として生まれてくる理由です」

僕「おおおー！！！　待ってました！　お願いします！」

神「もちろん、様々な理由があって生まれてきます。なんの目標も持たずに、ただ恋愛がしたい、お金儲けがしたい、ただ、人生を楽しみたいという人も多いですからね」

僕「えーそうなんですか！　そんなのもありなんですか？　ただ人生を楽しみたいとか？　なんか人生って確固たる使命があって生まれてくるもんだと思っていましたが、違うんですか！」

神「はい、人間にはいろいろな理由があって生まれてきます。もちろん中には確固たる使命を持って生まれてくる魂もおります」

僕「ああ〜やっぱりね、人生いろいろなんだ……。あっ、♪じんせい〜いろいろ〜♪」

神「そう、島倉千代子さんの言う通りだね」

僕「へ～お千代さんってすごい人でしたね！　へぇ～……で、そろそろ秘密を教えてくださいよ」

神「はい、人は様々な理由があって生まれてきますが、その中でも一番大きな理由です。魂は人間として経験したいことがあるんです」

僕「ほう！　それは！！！」

神「それは『**悩みたい**』『**迷いたい**』『**苦しみたい**』です」

僕「すいません僕おヒマをいただきます。え――――！！！　最悪だ!!　少なくとも僕は絶対にそう思っていませんよ」

神「それは忘れているだけです。つまり君は自分の意思であの世からこの世へやってきた。それは、なんでも直ぐに手に入るあの世も好きだが、それ以上にこの世が好きなんだ。苦労を乗り越えるという体験。それを通して生きているという実感が欲しい。あの世では味わえないと君が判断して今、ここにいるんだよ」

僕「あー……そうなんですね。じゃ僕は僕のせいなんだ……」

神「がっかりすることはないんだよ。人間は生きているこの世と、あの世という世界でも同じ魂という存在です。そして、その魂には、望みがあります」

僕「なんですかそれは？」

神「感謝して愛することだよ」

僕「ああ～愛と感謝！」

神「そうです。そしてもう一つ。さっき人間は使命を持たずに『楽しく生きたい』という理由だけで生きている人がいると言ったね」

僕「はい。人生は島倉千代子さんだということがさっき分かりました」

神「そうだね。個人個人の使命は、そうして自由に体験することが出来る。そして、実は人間全体の使命というものがあるんだよ」

僕「あらっ……やっぱし使命ってみんなあるんですか？」

神「はい。人間の使命とは、人生を謳歌し生き切ること。だから存在していればそれでいいんです」

僕「ああー……。存在していればいいって、そう言われるとまた気持ちが楽になりますね」

神「そう、**人間の使命とは『生きる』こと。そして『生きる』だけではなくて人生の最期まで全力で『生き切る』ことだ。命に感謝して最後の一滴まで使い切る。命を使う。使う命と書いて『使命』だよ**」

僕「きたー！ ほんとうだ!!」

神「だから人生すべてに価値がある。ゴールを決めてもいいし決めなくてもいい。どういう結果に終わってもいい。意味があってもなくてもいい。どういう状況に終わっても人生は何の問題もないいんだよ」

で、この落語のサゲ、オチはこんな会話がずーっと続き、「落語はオチをつけないといけない。神様どうしよう？」と相談すると、「君の今の気持ちを簡単に一言でいえばサゲはつく」と誘います。

「えっ、今の僕の気持ちですか？ ……まぁ、いろいろ神様とおはなし出来て今、落ち着いていますねぇ。………あっ『オチついています』」

これがオチです。

私は、ここに出てくる神様が本物かどうかは分からない。そこんところの追究は、横へおいておいて、語られているその内容がとても好きなんです。

人生を悩みたい、迷いたい、苦しみたい。これを経験したくて「あの世」から「この世」

へ「自分の意思」でやってきた。確かにそう思えば、起きる大変な状況もすべて想定内に思えてくる。死ぬまで自分に不都合なことは起き続けるかも知れない。だから起こった時は想定内。何が起こっても大丈夫！　と思いたい。乗り越えられると思えるんじゃないでしょうか。

困難を乗り越えた先にある達成感。確かに、達成感の素晴らしさは私も体験済みですからよく分かります。そのためにわざわざ地球にきたんだといわれればそれも納得出来ます。

落語家をやっていて、達成感がもしなかったらこの商売、続かないと思います。先ず、何年間も休みなく前座修業があって、先輩からの「かわいがり」にも耐えて⁉

師匠の小言もちゃんと受け止めて、お客さんには「つまんない」とか言われちゃって、ギャラ貰って封筒開けたらビール券だったりして、お金もない、将来の不安も強くなっていって、ここに一筋の光である「達成感」だけが救いなんです、私たち落語家は！

お客様から「面白かった！」と言っていただくこと。長い修業に耐えたその先にある独演会で満員のお客様と向かい合える幸せ。それが「達成感！」心に感じる「責任感！」打ち上げのお酒は「月桂冠！」小林克也は「アメリカ〜ン！」聴いてるあなたは「トンチンカン⁉」。

そんな「達成感」を感じたくて長い落語を覚えるという大変なことを日夜コツコツとやっ

ている生きものです。

だから、皆さんだって、ご自身が今、行っていることに「達成感」は必ずあるでしょう。ドウキはここにあるんです。あと息切れとめまい。それは救心です。その動悸じゃなくて「動機」！ モチベーションのことです。

だから「達成感」はすごいヤツなんですね。記録も発明も冒険も「達成感」がさせていることだったんです。

悩みたい、迷いたい、苦しみたいは途端にはじまっています。次々いろいろなことがおこります。ですから家族が自分との関わりの中で最大に濃く最大に問題も生まれるわけです。

一番甘えたくて、一番だらしない部分の自分が暮らす家族。ここで、にこやかに笑顔で笑いの多い時間を過ごせれば、外の世界は、もっと面白い！ 大爆笑な世界があなたを待っていますよー！

一番ディープな人間関係「家族」。だからこそ、歩み寄り、そして何かあったら笑い飛ばす陽気さを持ちたいと思います。でも、ぐずぐずで、ぐっちゃぐちゃな親子関係でどうにも修復出来ないところまでいってしまったのなら、それもよし。家族の問題ははじめから想定内ですから。まさにそれを体験しに、今ここにいるんだと開き直り、そんな自分の身の上をハハハッと笑い飛ばすのはどうでしょうか！

人間とは人の間と書く。人が人と多く関わることが、問題も生まれますが結局、開運にもつながっていると思います。

運は動より生ず。「運動」ですね。どんどん人と関わって動いていくことが、運が開けていく秘訣だと思います。

そして、命を使い切るが「使命」。漢字ってつくづくよく出来てるなぁと思います。

9　安心はリアルに感じることです

困難は付き物だと今いっておきながら、今度は安心について考えてみます。

ニコニコと笑っていられる日常。笑っていられる心境ってどんな時でしょうか？　まぁ楽しい時に我々は笑っていると思うんですが。でも、**本当の笑いって考えたこと、皆さんありますか？**　違ういい方をすると「腹の底からの笑い」。そんな本物の笑いは「安心」とつながっていると私は思うんです。

ちょっと、そこを想像してみたいですね。安心していると腹の底から笑えるんじゃないか？

安心とは「安らかな心」と書くわけですが、安らかな心なんてずっと持ち続けている人間、この世の中にいるんでしょうか？ それこそ、その境地になれたら「悟ったよ！」ということのように思いますが。その安らかな心が安らかじゃない心になる時が「不安」ですよね。

不安は少ないほうがいいです。ファンは多いほうがいいんですが！

人の感情はざっくり大きくいえば「愛」と「不安」のふたつに分かれると思います。その不安の根本原因は突き詰めると死だと思いますけれどいかがでしょうか？

人間には色んな人生があって、それを平等じゃないといっても、最後には、必ず死は平等に訪れます。だから人はあの世の話や、宗教を拠り所にするのでしょう。自分たちが暮らす地球が何なのか？ 宇宙って何なのか？ 答えのないまま生まれてきて、答えのないままに死んでいくんです。

考えたら変な世界ですよね、ココは。不安の種が多すぎる。ただ、自分という感覚がある、その事実を頼って、今を生きているだけです。

自分が眠っている間に動き続けている心臓のことも、食べたどんなものも、便になるお腹のことも、詳しく知らないまま、自分の身体がすごい機能を搭載していることが当たり前と思い、何とも思わず生きていること。考えたら不思議で面白いです。

今日寝ておきたらまた今日です！

え～全世界の人々に、明日という日は一生訪れません。なんてことを言ったらあなたは「またへんなこと言って！」と私が気でもおかしくなったのかと思いますか？　でもほんとうにそうなんです。

どんなにカレンダーで日にちを区切ってみても、グルグル回る時計の針を見つめてみても、沈む夕日や昇る朝日に感動しても、体験出来るのは「今」だけです。生まれた瞬間から死を迎える瞬間まで、最初から最期まで、我々は今しか体験出来ずに終わってゆく。それが「人生」と呼んでいるものらしいです。

今日寝ておきたらまた今日です（大事なことだから2度いいますよ、奥さん！）。

今の体験だけがリアルです。

ということは、過去と未来は体験が出来ないバーチャルということになります。過去や未来を思う時、思い悩むことが出来る領域。悩みには時間が必要です。時間とは過去と未来のことです。今にだけ心を馳せていれば悩んでいるすきが生まれないのです。

もし自分の脳がパソコンだったとしたら、電源はなんだと思いますか？　それが「不安」

なんだと思うんです。

つまり「不安」が脳のエネルギーなんです。だから脳が自分で考えて「不安」を解消することは不可能だと思いませんか。必ず脳が横槍を入れて「新しい不安」で思考を止めないようにします。脳は自分が生き残るために「不安」が必要なんですから。

その「不安の電源」を切る方法があります。それが、「今に逃げこむこと」。この今だけが静寂です。でも、人生は、ほんとうは、たいがいは静寂なんです。日常は我々の脳が勝手に大変だ大変だー！　と叫んでいるだけなんですね。もちろん、例外もありまして、「3・11」（東日本大震災）は、その今が大変な事態になりました。

安心は今にあります。安心はリアルにあります。考えることではなく、それは感じることです。かのブルース・リーも言いました。「考えるな！　感じろ！」と。そして気の利かない前座に向かって私は言いました「少しは考えろ！」。感じるとは、安らかな心で感じることです。そして安心の持続方法があるのか。

それが「感謝」だと私は思います。「安心」と「感謝」はつながっているんではないか。そしてその「感謝」は全てにおいての解決策になるかも知れません。

10　感謝は「頑張る」の反対言葉

え～読者の一門(!?)の皆様にこれから花緑が大胆な発言をしますよー！　「頑張る」の反対は感謝です。と言ったらまたまた何を言い出すんだい口が横にさけているのをいいことに、言いたい放題！　と思いますか？

まあ普通に考えれば「頑張る」の反対語は、怠ける、だらける。つまり「頑張らない」ということですよね。ところが反対語ですから、意味を解いていくと思わず納得したくなっちゃうんですよこれが！

「頑張る」は、目の前にあることを認めない働きがあります。
「感謝」は、目の前にあるもののすべてを受け入れることです。

頑張るは無いものをいつも見ています。
感謝は有るものをいつも見ています。

頑張るには、努力、必死が同じグループにいます。
感謝は、謙虚、素直が同じグループにいます。

頑張るは、陰気。
感謝は、陽気。

頑張るは、期待が大きい分、うまくいかないと落胆も大きい。
感謝は、することでさらなる感謝が増して喜びが大きい。

頑張るは、スタートを切って走り続けます。
感謝は、もうゴールしています。

頑張るは、厳しさが多い。
感謝は、優しさが多い。

頑張るには、悔し涙がある。
感謝には、嬉し涙がある。

頑張るは、達成するまで死ねません。
感謝は、今死んでもいい。

頑張るに安心はありません。いつも、明日の夢ばかりを追っているからです。
感謝には安心があります。いつも、今日の自分に満足しているからです。

「頑張る」と「感謝」では生き方がまるで違うことがお分かりいただけたんじゃないかと思います。

でも私も、今まで「頑張る」の反対は「頑張らない」ことだと思って生きてまいりました。

この考え方も小林正観さんから教えていただいた物の見方です。私にはとても衝撃的でした。そしてやはり誰の人生にもこれはとても大事な物の見方だと思い、ここでご紹介させていただきました。

でも反対語が「感謝」といわれても、具体的に何をすればいいのか、なかなか分からない。「頑張る」以外に、トライする方法が見つからない……と思ったら、そんなにむずかしいことではありませんでした。

それは、「楽しみながら」すべてのことを出来る可能性がある！（微妙なニュアンスね）と気が付いたんです。つまり我々は子供のころから頑張れ！　頑張れ！　と教わってきたので、頑張る以外、他にスタートする時の心の持ち方を知らなかったんですね。

選択の余地なく何かをする度に頑張ろう、頑張ろうと思って生きてきたわけです。でも別にいいんですよ、頑張る人生だって。「頑張る」は悪しき言葉ではありませんし。

ですが、頑張っている時は、愚痴や不平不満、イライラが多くなるように感じるんです。すぐに結果は出ませんし、あせりも出てきます。ですから、そこに足りないものがあるとすれば「感謝」だと私は思うんです。「いやいや、花緑はそういうけど、頑張りながら感謝もしてるよ」というご意見も聞こえてきそうですが、「感謝」は自分が気が付いたもの。見つけたものだけが、すべてではないと思うんです。実はもっとたくさん、気が付かないところにも「感謝」はひそんでいると思うんです。それに気が付くと、もう愚痴も不平不満も泣き言もイライラも感じていられなくなるくらいに、たくさんある「感謝」に圧倒されると思うんです。

でも、私はとてもむずかしくて、その境地に立ててはおりません。まだまだ頑張ることの多い人生を送っています。生きている間にそんな心境になりたいと思っています。

「頑張る」の意味は「我意を張り通す。どこまでも忍耐して努力する」(『広辞苑』)です。協調より競争する生き方です。ですから今の学校教育には「頑張る」がよく似合います。でも、我を張った状態のことですから、なんか「やわらかさ」より「かたさ」を感じますね。

そして、「努力」の努という字、この漢字には奴隷の〝奴〟が含まれています。努力の語源は人から強いられて、イヤイヤことにあたる様子です。つまり自分からのアクションではないんですね。

「必死」はすごい! 読んで字のごとく。「必ず死ぬ」です。だから自分から楽しくことにあたれば、それはもはや頑張っているんじゃないんですね。そして、感謝とつながりを感じる言葉に「謙虚」があります。私は謙虚な人に全てを見通す力があると思っています。つまり、そこに視野の違いを感じるんです。頑張る人の視野が狭く、謙虚な人の視野は広い。

そして「感謝」につながる言葉のもうひとつに「素直」があると思います。私の一番好き素直な言葉です。素に直るんです。素とは素粒子の素であり、素人の素である。「初心忘るべからず」的なものも感じます。**祖父の五代目柳家小さんは「万事素直」が座右の銘でした。**そして万事そのように生きた人でした。

この間ある人にいわれました。「小さん師匠が生前言っていた言葉なんだっけ？ ……万事……休す！」ぜんぜん違います。「万事素直」です。

たくさん頑張って生きている人には、一人で我を張ってることが多いので一人力。我を張らずに、「ここまできたのはみんなのお陰です」と100人にお礼をいいながら100人の力を借りて笑顔で生きていくと100人力になると思うんです！ でも実際は、自分はもちろん頑張るけど、周りにも協力してもらう。

「自分の頑張り30%」で「周りへの感謝70%」がいいんじゃないでしょうか。それが、逆に「自分の頑張り70%」で「周りへの感謝が30%」だとすると、とても損な生き方をしていると思うんです。

「感謝」も「頑張る」も、心で、気持ちで感じることでしょう。

だから「自分の頑張り70%」で「周りへの感謝が30%」ということは、何かを成し遂げたことの70%は自分の力で、周りの〝お陰〟は30%だと感じているということですよね。「ほとんど自分の力だ！」と感じている。それでは、結局100人力を得ることはできないと思うんです。

でも、感謝や頑張りを数字にするって、分かるようで分からないですよね。

「それじゃ、花緑は頑張るって言っても30％の力しか出さなくて、周りへの感謝も70％なのか？」って。

そうじゃないんです。

「頑張る」も「感謝」も別々にあるものではなくて、コインの裏表、陰と陽です。

いっぺんに「頑張り30％」で「感謝70％」という思い方は出来ません。その時に感じられる思いは1つです。ある時には100％頑張って、別の時には100％感謝を感じるんです。

私は、落語の新しいネタを稽古する時に感じているのは「100％頑張る」です。でも、いざ高座で、それをかける時は、お客様をはじめ周り人たちに「100％感謝」する気持です。

その時々に応じた100％の「感謝」と「頑張る」で、何かを成し遂げた時、結果として感じられるのが、「自分の頑張り30％」で「周りへの感謝70％」がいいと思うんです。

だから、頑張ることに慣れている人は、感謝を意識的に感じられるように心がけたらいいと思うんです。そうすれば、1人で100倍の力を発揮しようと頑張ってヘトヘトになるよりも、100人の力を借りて、自分ひとりではとても達成できないほど楽しい生き方をしていくことが出来る。もちろん、この100人というのも、たとえばの話です。

「感謝」で1人でも2人でも自分の味方になってくれる人が増えれば、〝お得〟に生きられると思います。

それにしても「頑張る」の使い方もおかしいなと思うことがありますよね。マラソンのテレビ中継を観ていても思いますよ、一番先頭を走っている選手に向かって旗振りながら「頑張れ〜頑張れ〜!」って、いやいやあの人はどの選手よりも一番頑張っていますけど!っていつもツッコミたくなりますね(笑)。

あと、師匠の小さんの高座を聴いた人が楽屋口で当時80歳を過ぎている師匠に向かって「小さん師匠、頑張って下さい!」って20代の女性が! 師匠は「ありがとう」って笑っていましたが、あなたじゃないんですか、頑張るのは! ってツッコミたくなりました。

だからスポーツ選手なんかは、このごろこのことを知っているのか「頑張る」を口にしませんよね? 自らを追い込む言葉を使わない。

フィギュアスケートの選手でも「とても楽しんで滑りました!」とか言っていますよね。

よし今度、私も落語会のあとで言おう! 「とても楽しんでスベりました!」(ダメじゃん!)

11　我が師匠のありがとう

「辛い時こそ笑うんだ！」

祖父・五代目柳家小さんは、満州とインドシナ（現在のベトナム）に戦争で2度行っています。これはその時の口癖で、師匠は自ら仲間の兵隊を笑わせ生き延びました。NHK『ファミリーヒストリー』に私が出演した時、番組でもその言葉がクローズアップされました。

師匠は、優しい人でした。インドシナにいた時、終戦を迎えます。そこにはフランス人の捕虜も何人かいました。食事を運ぶ係が師匠に回ってくると他の兵隊が誰もしないことをしたそうです。

「フランス人も日本人も腹が減るのは同じだろう」と言ってたくさん食事を持っていく。もちろんフランス人は大喜び。他の日本兵は意地悪をして少なく持っていったりする者もいたとか。そんなことが繰り返されました。終戦を迎えその捕虜が国へ帰される時、捕虜たちは師匠にだけ手を振って「メルシー！　メルシー！（ありがとう）」と言って帰っていったそうです。

でも、ある時一門の先輩に「花緑それは違うよ！　師匠は食事の運搬係だったんだろ？

『メーシー！　メーシー！』って言ったんだよ。きっと」え！　いい話だったのに、笑い話になっちゃった！（でも、うまいなぁと思いました）

祖父の生き方である「素直」は、小林家の家訓になりました。母も受け継ぎ、やはり素直です。祖父と母が親子ゲンカをしても、母は自分が間違えた、生意気だったと思うと次の日師匠に「申し訳ありませんでした」と頭をつけて謝っている姿を何度か目撃しております。以後、私たち兄弟は母に対して親子ゲンカをしたり、ただ生意気な態度をとったりした翌日には「申し訳ありませんでした」と頭をつけて謝っています。

謝ってまたゲラゲラと笑っていられる。祖父と母にはとても感謝しています。

師匠が他界後、叔父が六代目柳家小さんを襲名致しました。5月16日。五代目の命日には直弟子の一門が20人くらい集まりお墓参りを致します。そのあとは、叔父の六代目が仕切り、師匠がよくいった蕎麦屋「福室庵」を貸し切って一門みんなで師匠を偲ぶのが恒例になっています。

毎年師匠の思い出話に花が咲きます。師匠宅へいった時、自分を玄関まで送ってくれたという話。師匠は弟子に分け隔てなく接し、噺の上手下手に関係なく皆同じような態度で接したことが、手前みそですが、すごいなぁと師匠の優しさをみんなが口にします。

優しさとは強さだなと思います。

その強さに触れたのは師匠晩年のころです。80歳で脳梗塞を患い、少し身体に麻痺も残りました。それでも生涯現役を貫き、亡くなる3ヶ月前、87歳まで高座でしゃべり続けました。7年間の復活を支えたのは大好きだった剣道です。師匠は元々七段で剣道範士を取得しておりました。その範士の位を持った師匠がリハビリも兼ねて八段を目指す目標を立てたのです。

脳梗塞から数ヶ月の期間で剣道も高座も出来る身体になりました。そして落語の仕事を少しセーブして大好きな剣道、八段を目指し思いっきりやるぞー！　と意気込んだ途端、厳しい現実が立ちはだかります。

師匠は八段の試験を受ける資格がなかったのです。どういうことかというと、範士とは八段よりも遥か上の最高位。いまさら、それより下の段の試験を受けることになるのです。つまり七段の時に範士を取ったら生涯「範士七段」だったのです。「範士八段」にはなれないんです。

師匠はそのことを知らなかったので、知ったあとは目標を失い、少し落ちこんだような状態になりました。それでも半年もしない内にいつもの自分を取り戻しました。その後師匠はまた落語に剣道に、そして食べることが大好きだったので、お蕎麦、とんかつ、中華、お寿司、あんみつ、と好きなものを食べ歩いておりました。

今にして思えばもっと師匠といる時間を作れたらよかったんですが、お陰様で私は仕事が忙しくなり、実家を出て暮らしておりましたので、月に一度師匠と食事が出来ればいいほうでした。そしてあれは亡くなる半年前だったと記憶しています。実家には師匠の剣道の道場があります。その道場の隅っこに大きな紙袋がふたつあり、その中に溢れんばかりの文庫本の山がありました。

つまり師匠は脳梗塞直後から仕事を今までの五分の一程度に減らし、時間がそれなりに出来たんです。たとえばそこで弟子を連れ出し空いた時間を過ごしてもいいわけですが、人に依存せずたった一人自分の部屋で淡々と本を読み続けた。表に出る時は本を買いに近所へ出掛けていた。だからその本の山を見た時に7年間の師匠の孤独の量を見た気がしたんです。申し訳なさと切なさで胸がいっぱいになりました。師匠は強い人だなぁとその時泣きながら私は思ったんです。

師匠が亡くなった数年後に山田洋次監督とテレビ番組の仕事でお会いする機会があり、撮影の合間に師匠の話になりました。生前、山田監督は師匠に新作落語を数本書いております。『真二つ』『頓馬の使者』『目玉』。そして師匠は、演りませんでしたが、『まむし』という噺も監督が作りました。師匠は『真二つ』で芸術祭奨励賞を受賞しております。

師匠は『男はつらいよ・奮闘編』シリーズ7作目にも出演しております。その監督の師匠の印象は「落語家さんというより、いいお坊さんを見るようでしたねぇ」と、そんなことをおっしゃって下さいました。

そんな一面があるかと思えば、とてもチャーミングに思えるところもありました。それは師匠がもっと元気なころ、私には忘れられない一言があります。

シチュエーションをざっくりいうと、母が海外旅行で実家を空け、その母にかわって私が師匠の食事を作り、二人で朝食をとっていた時の話です。

会話の前後は忘れましたが、師匠が自分は初体験が遅かったという話になったのです。26歳で結婚したカミさんがはじめての相手だ！　という、後にも先にもなかなか聞けない会話がその時、男同士でなされていたのです。朝の味噌汁飲みながらですよ！

祖母は福島県出身で訛りがありました。師匠は当時二つ目で名前は柳家小きんといいました。祖母が師匠を訪ねてくる時には、頭打ちにアクセントを置く東北特有の訛りで「小きんさんいますか？」って。楽屋じゃ有名だったとか。

「おいまた、『小きんさん』っていう女が楽屋口にきたぞ！」と。散々追っかけ回されて、ある雨の日、帰れなくなってどっかで一夜を明かしたそうです。遣らずの雨（人を足止めするように降る雨）というやつですね。そして師匠は孫の私に向かってこんな一言をいったのです。

「俺ももっとちゃんとしてればな～。あん時あんなことにはならなかったんだ……」

えっ！　ちゃんとしていればって何を？　あんなことって!?　可笑しくって食べてた納豆が鼻から出そうになりました。

堅い性格の師匠は、まるで落語の『明烏《あけがらす》』に出てくる若旦那そのものだったと聞きます。『明烏』は、町内の遊び人で札付きといわれている源兵衛、太助の二人に、吉原へ連れて行かれて、お堅い若旦那が初体験をするという噺。

師匠は小きんの時に廓噺《くるわばなし》が得意の大先輩、ご存じ、古今亭志ん生師匠に、一度だけ吉原へ連れていってもらったことがあったそうです。正月だったので黒紋付に袴姿という出で立ちでした。

一緒にいったのが兄弟弟子の馬楽師匠（六代目蝶花楼馬楽。当時は柳家花之丞）、3人で通されたのが六畳間。布団が3枚敷いてあって、布団の間は、それぞれ高さ90㎝ぐらいの、枕屏風のような小さな仕切りがあるだけ。のぞけば隣が見えちゃう。そこで3組そろって行為に及ぶというんですが、なんといってもはじめての吉原。動揺していた師匠に、志ん生師匠が「盛《もり》ちゃん！（師匠の本名、小林盛夫）　ちょいと寝ていきなよ！」「とんでもないです。こんなところで寝たらお袋に叱られます！」「しょうがねぇ〜なぁ……。じゃ、お帰りよ」といくらか小遣いを貰って帰ったとか……。

あとで師匠が聞いたら、兄弟子の馬楽師匠が合わせて2人のお女郎《じょろう》さんを相手にしたそうで……。

結局師匠は、そのとき大人にならず仕舞い。祖母と出会う前には落語の主人公にもなれなかった吉原体験。あのとき遊びをしっかり覚えていればと後悔しているのか、朝食のときに思わず孫の前で出た言葉は、まるで自分自身にいい聞かせているようにも聞こえました。

12　小さんにいた40人の師匠と、私の10人の師匠

私には弟子が10人おります。一門というくくりはまさに「家族」なんですね。10人の弟子は「落語」を中心に集まってきた「家族」です。「ひとつの意識を共有する」同志であり、

ライバルであり、仲間であり、親子です。師匠は弟子にそのノウハウの全てを教え、弟子は、自分の力で一人前になれるよう精進を重ねるのです。

「教えることは学ぶこと」、師匠の小さんにそういわれ28歳の時初めて弟子を取りました。一番弟子と二番弟子は辞めたり、辞めてもらったりして、もうおりません。その間にも辞めていった弟子、取らなかった弟子（入門していないので弟子ではないんですが）、いろいろおりました。そして今、残った（!?）10人を抱えて、それなりに分かったことがあります。

弟子は師匠なり

最初の弟子を取ってから5年が過ぎたころから、ぼんやりとそんなふうな思いを持つようになり、今ではそう確信しております。

師匠の五代目柳家小さんは40人の弟子を取りました。弟子のことではたくさん苦労があったと思います。そこから出た言葉が「教えることは学ぶこと」でした。

五代目柳家小さんには40人の師匠がいた。

小さんは40人の弟子に研がれ磨かれて、落語家として初の人間国宝にまでなったのです。弟子は師匠でした。「噺家は弟子を取ったほうがいい」とは師匠の口癖でした。

そこに真実が見えてくると思うのです。また、その弟子の中から、また人間国宝になられた柳家小三治師匠も生まれました。

そして私も弟子のお陰で日々学ぶことがたくさんあります。挨拶を教え、楽屋の常識を教え、噺を教え、その他もろもろ気付いたことを教えていきますが、先ず教え始めて、これは大変だなと思ったことは、教えたことを自分も出来てなくちゃいけないんだということ。自分も現役なんですから、そんなことは当たり前なんですが。楽屋での挨拶やお礼をいう行為が自分も出来なければ矛盾が生じます。噺も、教えといて自分が語れないのでは弟子はついてきてくれません。

そして、何か「いいこと」を言おうとしていた時期もありました。言葉を尽くせば尽くすほど話は長くなり自分も弟子もヘトヘトになって結局何も弟子の心に残らない。残ったのは、師匠に長々怒られたという記憶だけです。

自分が出来ることしか教えられない。そんな経験から、

師匠とは何を教えるかではなく、どう在るのか

そんな思いに気持ちが移っていきました。つまり相手である弟子に向かっていた意識を自分に向けたんです。大事なことは自分が実践しているかどうか。それをただ見せていけばいいんだと思ったんです。

もちろん普段のだらしない姿も含めて見せていく。そんな日常を通してドキュメントを見せ続けるのが師匠であると、そう思いました。

師匠小さんは、生涯現役を貫き、老いる噺家の姿、自分をさらけ出して「自然体」のまま日々の告白のような高座を務め続けました。今、出来る精一杯を高座で披露する。

お客様にも仲間内にも奇跡を魅せ続けました。自分はもちろん師匠のようなスケールには及びませんが、自分なりに学び続けていこうと思います。

そして今、弟子との関係がとても柔らかく、正月と盆暮れには弟子10人全員が我が家に挨拶にきます。まぁそれは落語家としては普通のこと。ですが、一門全員での集まりが一年に三回しかないというのも味気ない。

そこで弟子たちが考えて私の誕生日と私たち夫婦の結婚記念日にも集まろうと決めてくれ

たようで、毎年その時期になるとスケジュールを合わせては家へやってきます。

祝いの品をみんながくれるんですが、私には欲しいものがあるので、こちらからそれをおねだりしてます。それは「愉しさ」です。

私が「愉しい」と思えることを弟子たちから貰いたいと。これははっきりいって面倒くさいです。かなり面倒くさい注文です。つまり物は自分で買えるし、逆にいらない物を貰っても喜べない。「お弟子さんからの気持ちを頂戴します！」という……。ああ〜面倒くさい奴なんです！　でも、私にはとても楽しみなんですが、「センス」と「笑い」と「思い」が試される、もっとも弟子たちにとっては過酷なイベントとなってしまったのです。

今までいろいろ貰いましたが、記憶にあるところでは、誕生日に、ＤＶＤを作成して貰ったことがありました。一門の中で一番のいじられキャラ！　花《はな》いちが主人公のＤＶＤ。その名も『花いち大陸』！

これは、あの『情熱大陸』を完全にパクった花いち追っかけ番組風の映像です。笑わすターゲットは私一人です。

いつも私が教えたこと、期待していること、やって欲しいことをひとつもやらないというキワキワな映像になっていて、花いちが独演会に向けて死ぬほどの稽古を重ねていると思わせて、カラオケに行ったり、バッティングセンターに行ったり、なんか食べたり、ウダウダ、だらだらしてるシーンを散々見せられたあと、さあ稽古という場面で「今日はね、これからしっかり稽古をしますからね」と、はじまって5秒くらいで「終わり！」、という芸人のクズの様な映像に私は笑いが止まりません。

「いよいよ本番当日！」とかいって独演会の様子になり、まさかの『芝浜』という超名作古典落語を演《や》るんです。そのときの花いちでは、技術が追い付きません。その泣かせる超大作を、世にもいい加減な台詞を並べ立ててしゃべりだすのです。お客に扮している弟子たちも大爆笑です。思わず私もつられて大笑いしてしまいました。

これは、花《か》ん謝《しゃ》というセンスのある弟子が演出をし、なんでも気が利く緑太《ろくた》というデジタル機器に詳しい弟子がすべての編集をしてくれました。

そして夫婦の結婚記念日では、みんなで歌を歌ったCDを貰いました。これは「結婚おめでとうソング」を一人ひとりが下手くそで笑っちゃう感じに歌っていくんです。最後はみんなで、これまたソ、コ、ソ、コで半端な『ウィーアーザワールド』を歌っています。

そんなふざけたCDを3年間続けて貰いました。最初の1年目は大爆笑！　そして2年目はややウケ。3年目は全然笑えませんでした。

というのは、歌った曲はすべてかえてくれていますが、笑わせ方が1年目と全く同じなんです。下手くそに歌ってウケを取るのも3年続くとこれは飽きます。

しかも自然に歌って下手なのは笑えますが、わざと下手に歌ったりされると聴いていて腹がたちます。弟子たちに、その日はお祝いして貰っている立場なのに、まさかの小言。私は何が悲しいって、自分から創り出すことを妥協するのが芸人として、そして落語家としても一番やってはいけないことだと思っているので、しっかりと言わせていただきました。

「精一杯やった結果ウケなかったのなら仕方がない。とても安易に〝またコレでいっか？〟的なひとつの工夫もなく、面白くないプレゼントでした」

ですが、弟子たちが、その次の年にくれたものはとってもよかったんです！　実はみんなの集まりには、食事の用意を私がしておりました。弟子たちプラス私と妻プラス大神楽曲芸師の雪之介くんも一門ですから、最大で13人になります。

妻が13人分の料理を作るのも大変なので、お弁当を取ったり、おにぎりや、パンをどっさり買ってきたりしてみんなで家で食べておりました。

ですが、その年は弟子たち全員で料理を一人一品持ち寄ってみんなで食べようという趣向になったのです（そうです。歌はお終いです）。これは弟子からの提案でした。一番弟子から順番に作ってきてくれた物をご紹介します。

台所《だいどころ》おさん　鳥の唐揚げ、ゆで卵添え。
柳家花《か》ん謝《しゃ》　ポテトサラダ。
柳家緑君《ろっくん》　ピラフ（炊飯器持参、その場で仕上げる）。
柳家花《はな》いち　たこ焼き（その場で焼く）プラスさつま芋の入ったお饅頭。
柳家花《か》ごめ　大福。
柳家緑太《ろくた》　焼き餃子（その場で焼き上げる）。
柳家花飛《かっとび》　海老チリ。
柳家吉緑《きちろく》　おにぎりを薄焼き卵で巻いて、
私と妻、弟子全員をかたどったキャラ弁風な仕上がり。
柳家圭花《けいか》　これを食べたら酸っぱいものも甘く感じるという
ミラクルフルーツをつかった実験。
柳家緑助《ろくすけ》　チーズケーキ。
柳《やなぎ》貴家雪之介《やゆきのすけ》　鶏肉としめじの煮物。

それぞれが13人分を手作りしてくるわけです。これがとても美味しかったんです。やはり時間と手間ヒマ、お金もかけたのでしょうか。それだけの結果が出たと思います。あの日はほんとうに幸せな時間でした。

そして、以前から私が一度みんなでやりたいと切望していた企画が2015年の夏、誕生日に実現しました。それは……、

花緑一門全員でわんこそばを食べたい！ です。

誰が何枚食べられるのか、胃袋の大きさを数値化してみたら面白いねぇという話を私がずっと以前からしておりました。盛岡まで行かなくてもとても近くにありました。浅草演芸ホールのすぐそば！「わんこそば大娯（2016年10月31日に閉店）」というおそば屋さんです。

私も弟子たちもはじめてのわんこそば。盛岡名物のわんこそばとは、一口サイズのおそばの入ったお椀を係のお姉さんが「はい、ジャンジャン！」「はい、まだまだ！」と、とても軽快に陽気にお給仕してくれるもので、お椀の蓋を閉めるまでそれが延々続くというシステ

ムになっております。基本休憩を取ってはいけない。でもトイレに行きたい場合のみ中座はOKという店側から丁寧な説明を受けていざスタート！

あれやった人はお分かりでしょうが、何だかワクワクドキドキするもんで、お店の説明では、15杯でザル1枚分。店のよく見えるところに200杯以上食べた人の記録が貼り出されておりました。

この店で一番食べた記録が「あーちゃん 329杯」と貼り出されています。自分がどれだけ食べられるのか予想がつきません。100杯いくのかいかないのか？ 100杯食べればザルを6枚から7枚食べた計算になります。

そして以上のような結果になりました。順位の低い順から並べてみます。

13番	緑太	25杯
12番	圭花	37杯
11番	吉緑	63杯
9番	花ごめ	74杯
9番	花緑の妻	74杯

8番	緑君	85杯
7番	花飛	94杯
6番	花ん謝	103杯
5番	花緑	106杯
4番	花いち	107杯
3番	雪之介	120杯
2番	緑助	132杯
1番	おさん	198杯

はい、こういう結果になりました。弟子たちの大体の予想は立っていました。先ずは1番のおさんです。元々がオオノセ（大食いのこと）の彼ですから、この中で一番食べることは誰もが疑わなかったことです。

おさんから今まで「師匠、お腹がいっぱいです！」とか「もう食べられません！」などの言葉を聞いたことがありません。大体が、食べるものがなくなって終了か時間切れで終了かのどちらかでした。

198杯！　あと2杯で200杯でしたが、もうギリギリでした。180杯の時に口から出そうになって、堪えていたらスッと胃に落ちたようで、また食べはじめて198杯まできた時に、また、目を充血させて涙、鼻水を流しながら青い顔になって口から出てきそうだったので強制終了しました。全員ではじめて、おさんの限界を目の当たりにしたのです。

一番食べなかった緑太はその日は病み上がり。具合が悪かったとあとで聞きました。前日に点滴を打っていたそうです。それでも元々食は細いので、50杯前後かな？　という予想。

その次の圭花の37杯はガチでの枚数です。彼が一門で一番食が細く、一番身体が丈夫なのです。過食をしない圭花を見ていると健康と食事の関係を考えさせられます。

吉緑は身長180㎝くらいあるけれど、胃弱な男なので、これも予想通り。花ごめは弟子の中で唯一の女子。カミさんと女同士で枚数が並んでいる偶然が面白いです。

緑君、花ん謝の2人は普通の胃袋の大きさだからこのくらいかなと予想。花飛がもうちょっと食べると思っていたので意外な結果。私が100杯を超えました。

ただ、なんですか花いち！　師匠より1杯多く終えている辺りに彼の面白さがあります。

彼と私の席は少し離れた場所でお互いが同じくらいでセッてるとは知らなかったんです。

たまたま終えたらこんな結果だったんです。もし隣で食べていたら、私が意地を出して

107杯に並んで終わったかも知れません。雪之介、緑助はよく食べますからあのくらいはいくと思いました。

そして、それぞれがお腹をさすり肩で息をして、おさんの記録がどこまで伸びるのかを見守り、それも終了し、いや〜食べたね〜と余韻にひたっていたところへ！「師匠！　お誕生日おめでとうございまーす！」。ホールのチョコレートケーキをドーンと出してきたのです。

全員がそれ見て吐きそうになったので、慌てて目の前から隠してもらいました。その後、みんなでカラオケボックスへ入り2時間歌った後にそのケーキを食べました！

落語家は個人の商売です。一門は師匠の私も含めて全員ライバルです。みんなが仲良しこよしというわけにはいかないでしょう。一門はライバルであり、でも、支え合う仲間であってほしい。その強いつながりを可能にするのが「笑い」ではないかと考えます。

楽しい時間をみんなでどれだけ過ごせるか、ここがとても大事だと思っております。

花緑一門の笑いながらのチャレンジ！　乞うご期待！

第二章●「門には」のまとめ

❶門とは、家族、一族、一門のことだった。
「笑門来福」は、日本のことわざ。〝門〟を人とすればすべての人にあてはまります。身体の細胞は助け合って生きているように、人も同じです。

❷すべてが中立である。
大きな門として宇宙があるならば、宇宙はそもそも中立のようです。宇宙には、幸も不幸もなく、すべては、自分の心が決めることです。

❸家族は違うもの同士が集まってできている。
もしも、あの世があるならば、あの世は何もかもが叶ってしまう状態のようです。あの世では体験出来ない人間関係が、家族です。だから、困難も想定内と思って生きることです。

❹頑張るの反対語は、感謝だった。
〝頑張る〟の反対語は〝怠慢〟〝怠惰〟ではなくて〝感謝〟でした。感謝することで、競争から協調する生き方に変えることができる。魂の先生、小林正観さんから教えてもらった素晴らしい言葉です。

❺優しさとは、強さのこと。

一門の師匠、五代目柳家小さんの生き方から学んだのは〝優しさは強さ〟そして〝弟子は師匠なり〟。人に教えるとは言葉ではなく、自分の〝ありよう〟を見せることです。

第三章「福」

1 「福」とは何でしょうか

福とは何でしょうか?

欲しいものが手に入ることでしょうか?
欲望が叶うことでしょうか?
苦しみから解放されることでしょうか?
あと……何でしょうか?
とにかく、「満たされる」ということではないでしょうか?

まぁ答えを急がずに先ずは、村上和雄先生と「福」についても語っておりますので、こちらの対談からお付き合いください。

花緑 福にもいろいろあると思いますが、先生にとって福って何でしょうか。
村上 出会い、い、い、い、い、い、い、い、い、い、い、い、出会いも福だと思います。あの時あの人に会わなければ、どういう人生だったろうかと考えることがあります。その出会いは意図したわけではなくて、たまたまなんですね。不思議なことに、そういう出会いは必然性があって、そのあとの助けになるんです。

私は、京大の学生時代に平澤興《ひらさわこう》先生（１９００年［明治33年］10月5日～１９８９年［平成元年］6月17日。京都大学教授、第16代京都大学総長。専門は脳神経解剖学。著書『人間　その無限の可能性』新潟日報事業社、『人生を豊かにする言葉』新潟日報事業社『生きよう今日も喜んで―平澤興記録』致知出版社など多数）に出会いました。先生は当時の京大総長でした。この方にショックを覚えたのは、「自分は頭の回転が悪かった、だから勉強した」っていうんです。京大総長が……。

私も頭がいいと思っていませんからね。そうしたら、「君、私がそうだから、頭がよくなくても大学に残れるんだよ」といわれて大学に残ったんです。その平澤先生は学生のころ勉強しすぎてノイローゼになるんですね。それで幻聴が聞こえてくる。その幻聴の主はベートーベンで、もちろんドイツ語です。

その内容は、ベートーベンが25歳の時の日記なんですね。ベートーベンはそのころから耳が悪くなる。音楽家にとっては致命傷ですが、ベートーベンはそこから名曲を残していく。

その日記の一文が「たとえ肉体に、いかなる欠陥があろうとも、わが魂はこれに打ち勝たねばならない」。これがドイツ語で聞こえてくるらしいんです。それで、平澤先生は「俺みたいにぼんくらが少々勉強したぐらいでノイローゼになるとはなにごとだろうか。あの天才ベートーベンはあの困難から名作を残した。俺もやろう」とノイローゼが治るんです。

遺伝子のスイッチがONになったんでしょうか、スゴイ人は、やっぱり違うんですね。私は、こういう先生に学生時代に会ったんです。ほんとうに偶然なんです。

平澤先生は医学部の先生で、私は農学部の学生ですからふつうなら会うことがない。会ったのは呑み会でした。呑み会の席だから、京大の総長が「俺は馬鹿だ」、なんていってくれたんでしょう。その平澤先生が、「俺はほんとうに勉強してきたけど、命のことについては、なにも分からないということが分かった。ほんとうに不思議だ」っていわれたんですね。

こういう人が日本におられたんです。私はこういう、自分にたいして謙虚な先生になりたいと憧れましたが、とってもむりだなぁと思いました。先生は先ず人格者でしたね。ぜんぜん威張っておられない。私はいろいろな「偉い」人たちに会いましたが、**ほん**

とうに偉い人は威張っていません。非常に謙虚なんだけれど、それは自信があるからなんです。私もこういう先生に近づければいいなぁと思っているんです。私も日本学士院賞（平成8年）をもらったときに、平澤先生もすでに受賞されていますから、学問的に先生に一歩近づけたかなと嬉しく思いました。

それから平澤先生は全日本家庭教育研究会の初代総裁をされていたんですが、私は今その総裁をやっているんですね。だから、学生の時に出会って、その理想に少しくらいは近づいているんですかね。むりだと思ったけど、近づくことは出来る。その人にはなれないけど。不思議なことです。

花緑　笑いの多い人が「出会い」も多いように感じますね。赤ちゃんも笑いますが、あれは教育によって笑っているわけじゃないですよね。

村上　赤ちゃんの笑顔はエンジェルスマイルといいますが、まわりの人に幸せをあたえますよね。

あれは、「笑え」って、親に教えてもらったわけじゃないんですよ。自然にスマイルが出るということは、赤ちゃんには笑いの遺伝子があるってことです。赤ちゃんの笑顔を憎む人はいませんよね。人はどんどん寄ってきます。

花緑　大人は笑いを忘れちゃったのかなぁ。

村上　笑えるということは、人を疑わないし、信用している。そんな人はまわりから嫌われないし、人が集まってくる。それが素直ってことかも知れません。ものごとを肯定的にとらえる。

私はアメリカで英語が出来ないで困っていた時、医学部にいたんですけど、女性の看護師さんがいっぱいいて、すれ違うとニコッと笑うんですね。感じいいでしょう。「俺は日本でモテなかったけど、アメリカならいけそうだ」って思っちゃったんです。

でも、これふつうの挨拶なんですね。全然知らない人でもすれ違いざまにニコッとする。これ、ほんとうに感じがいい。こちらの気持ちも明るくなる。笑顔は人を幸せにするし、人を幸せにすれば福はくると思うんです。

私がいっている「サムシング・グレート（『サムシング・グレート　大自然の見えざる力』サンマーク文庫）」は、命の親だと思っているんです。親の子供への思いは、子供がニコニコしていることと、子供が自分の花を咲かせること。子供がニコニコして自分の花を咲かせているのを見るのを親は喜ぶんです。だから、ニコニコしている人には、サムシング・グレートが福をくれるんだと思います。

2 神様だって笑いで危機をのりきった

村上 有名な歴史学者のアーノルド・J・トインビー（1889年4月14日～1975年10月22日。イギリスの歴史家。『歴史の研究』社会思想社 全25巻など多数）という人は「自分たちの歴史と神話を忘れた民族はぜんぶ滅びている」といっています。

そして**神話には笑い話がつきものなんです。**つまり民族には、その民族固有の神話と歴史と同じように民族の笑いがある。笑いのない民族はいない。民族の神話と歴史を忘れるということは、民族の笑いも忘れることになるんです。

きっと神様や仏様も笑うのが好きなんでしょう。牧師さんに聞いたんですが、キリストも大笑いしていたそうです。今見るキリストの像は深刻な顔をしていますが、ほんとうはそうじゃない。もっとおおらかで、宴会が好きで。あとで偶像を作るときに、それじゃつごうが悪いですからね。

日本の神話も笑っていますよ。日本の神話で笑いといえば、アマテラスオオミカミが洞窟に隠れてしまう話です。神様たちの大笑いが出てきます。洞窟に隠れて岩でふたをしてしまったアマテラスを神様たちは引っ張りだそうと、最初に祈りを捧げるんですね。

それでもアマテラスは出てこない。そこから宴会をやるんです。宴会のハイライトは芸能の神様、アメノウズメノミコトがストリップショーをやるんです。古事記に書いてあるんです。

昔はおおらかですね。それで、神様たちが大笑いするんですよ。外が楽しそうだから、洞窟の中のアマテラスは何事かと思って、岩のすき間から覗くんですね。そうすると、力持ちの神様が岩を押しのけてアマテラスを外に出すんです。この神話は、深刻な時にこそ笑おうというメッセージなんだと思うんです。

落語家が集まると、お葬式のように深刻になるであろう時でもけっこう陽気になっちゃいますね。それは一人ひとりの声が大きくてよく笑っているからだと思います。だから本気で宴会をやると心底陽気になります。

私が落語家になる前は、ストリップショーではありませんが、宴会でスッポンポンになっちゃう芸人が多かったと聞きます。

私が目撃したのは中学生の時に祖父・五代目小さんの新年会で見た余興です。それは後に伝説の余興といわれるもので、小さん一門の秘密兵器！　柳家小三太師匠が前座〝小たか〟

だった時に、たった一度しか出来ないというレア感タップリな余興をやったのです。

一門と師匠のお客様合わせて100人くらいが集う場でした。司会をする先輩が「さぁ、皆様ご注目！　ご存じ、柳家のマスコットキャラクター、我らの〝小たか〟が今夜はマジックをご披露致します！」

皆が集まっているのは小さんの自宅の剣道場。そこの扉をパッと開けると……。

三つ揃いのスーツを着込んだ小たかが立っている。こんなしっかりした服装の小たかを見たことがないと、それだけでみんながおお〜と軽くどよめきます。「それでは、これよりこの小たかが一瞬にしてこのスーツを脱ぎます！　ハイッ！」と、扉を閉めます。そして2秒くらいでパッと扉を開けるとそこには、スッ裸の小たかが立っている！「えええ――――！」みんなビックリです。ついでにアソコの小ささにもビックリです。

そして驚いたり笑ったりしながら、あれはきっと一瞬にして脱げる洋服だったんだ……と口々に皆が言っています。「そう思うでしょ皆様？　では、今度は一瞬にしてさっきのスーツを着てご覧に入れます。ハイッ！」と扉を閉める。そして2秒後パッと開けると、元のスーツを着た小たかが涼しい顔でそこに立っている。

今度はシーンとするほどみんなが驚きました。どうなっているんだ？　これが、誰にも分からないんです。そんなみんなの驚きにも驚かず！　司会は「ではまた、ハイッ！」、裸に！「ハイッ！」、洋服に！　もう自由自在です。「では今度は洋服と裸といっぺんにご覧に入れます!?」

「ハイッ！」扉が開くとそこには何とスーツ姿の小たかと、スッ裸姿の小たかの2人が立っているじゃありませんか！　そこで分かったんです。実は〝小たか〟＝小三太師匠は双子だったのです。

故郷の青森でコックさんをやっているお兄さんがいたのです。その日までそのことを誰一人知らなかったので出来た余興。ちなみにスッ裸になったほうが小三太師匠でした！

今でも一門はそのことを度々「面白かった！」と話題にしています。

そして、スッ裸伝説に「ホタル」という余興があります。私は見たことがありませんが聞いた話だと、前座全員で、スッ裸になって火の点いたロウソクをお尻の穴に挟み「ホ・ホ・ホ～タルこい♪」と歩き廻るだけという世にも下らない余興で、私が落語家になる前、子供心に前座になったら自分もそれをやんなきゃいけないんだ、嫌だなぁ……とずっと思っておりました。ですが祖父がそんな余興を止めさせたのか、気が済んだのか、スッ裸余興もあまりやらなくなりました。

そして、私が落語家になり前座になったある日のこと、正月用の荷物がいろいろ置いてある押入れで何かを探していて、たまたま手に取ったのはロウソクがビッシリと入った箱でした。長さ20㎝くらいあるけっこう立派なロウソクです。そして新品に見えるそのロウソクの芯が全て一度、火の点いたあとがあるんです。……ん？　これはもしや……ホタル!?

ばっちいから全て捨てました！（笑）

3　笑いは心と身体と魂を救う

村上　笑いは魂も救うといわれています。ヴィクトール・フランクル（１９０５年３月26日～１９７７年９月２日。オーストリアの精神科医、心理学者）は、ナチス・ドイツのユダヤ人強制収容所の経験をもとにして『夜と霧』（みすず書房）を書きます。収容所では毎日のように人が殺されますね。そのときに彼は仲間を集めて１日１回笑おうとしたんですね。

とても笑える状況ではない。鉄条網に囲まれて、明日どの人が死ぬか分からない。そのフランクルが「笑いは魂を救う」っていっているんです。フランクルは奇跡的に助かって収容所を出たあとに『夜と霧』を書くんです。

日本は頑張ろうというのが好きですね。オリンピックでも災害でも頑張ろうですが、**そろそろ「笑おう日本」でもいいんじゃないか**と思うんですね。花緑さんの出番ですよ。

花緑 ありがとうございます。いい商売についたなあって思っています。

村上 「頑張ろう」だけでは人間もたないんですよ。非常に厳しいときでも笑うような余裕を持つと魂が救われるんです。笑いでも、ただ、面白いというのもいいんですが、魂が喜ぶようなもの、**魂が笑うようなことが、「福」だと思うんです。**

お金が手に入るとか、欲しいものが手に入るとか、やりたいことが出来るといったことも「福」だと思いますが、ほんとうの「福」はやっぱり、利他の精神とか、ほかの人の役に立つことの喜びとか、そういうのが心より一段深いところにあると思うんです。

心が喜ぶっていうことと、魂が喜ぶってことは違うことなんですね。心の喜びは分かるんですが、魂の喜びはなかなか分からない。

花緑 深～い感謝が出来たときには、その魂の領域に入っているような気がするんですが。

村上 確かに感謝も口先だけの感謝、心からの感謝、魂の感謝があると思います。そのためには、人間を超えた存在を認めるというか、感じることが必要です。

人の出会いにもふつうの出会い、魂の出会いがありますが、ほんとうに生涯、自分にとって大切なのは魂の出会いです。

平澤先生のほかにもたくさんの出会いがありました。魂について研究をしようと思ったのも、魂の研究家、河合隼雄《かわいはやお》さん（1928年［昭和3年］6月23日～2007年［平成19年］7月19日。心理学者。京都大学名誉教授、元文化庁長官、ユング派分析家の日本人第一号。箱庭療法を導入。著書『ユング心理学入門』培風館『箱庭療法入門』誠信書房 共著『村上春樹、河合隼雄に会いにいく』新潮社 など多数）と出会ったからです。

河合さんは、私たちの「心と遺伝子研究会」を応援してくれたんですけど、もっと面白い研究があるぞと教えてくれたのが魂と遺伝子の研究なんですね。

心は心理学という学問がありますが、まだ魂学というのはありませんから。私は躊躇していたんですけど、2007年に河合さんが亡くなって、魂と遺伝子のテーマは彼の遺言になったんです。魂は今のところ科学的に研究することが出来ない。

遺伝子は身体の設計図。これは大分分かってきた。じゃ魂の設計図は、どこにあるのか。私は、やりたいことを直ぐ言うんです。でもふつう、科学者は自分の研究のことを言わないんです。あっちこっちで言ったことは論文にならないんですね。科学者にとって重要なのは学会に認められることですから、研究途中であまり言うとよくないんです。でも、私は言ったほうが助けてくれる人が出てくると思っているんで言っちゃうんですね。面白いことがあると秘めておけないんです。

花緑 先生の死生観は？

村上 死は出直しなんです。身体は地球からの借りもので、自分のものだと思っているけれど、ぜんぶ地球の元素から出来ています。細胞は毎日すごい勢いで生まれかわっていて、ほぼ1年でぜんぶ入れかわるんですね。地球からの借りもの、ということは宇宙からの借りもので、じゃ私は何か？　というと「心」と思いがちですが、心はころころかわるんです。

だからほんとうの私、私の本体は心ではない。「三つ子の魂百までも」というように、かわらないもの、つまり「魂」こそ、私の本体なんですね。その魂が宇宙から身体を借りて、一定期間滞在してまた出直しがある。そうすると、貸し主は宇宙で、借り主は私。じゃ、魂とは何か、というのが昔から大問題なんです。魂はむずかしいけれど、私はあると思いたい。

心は移ろいやすいものだから、そんな不安定なものにサムシング・グレートが、貴重な身体を貸すとは思えない。どの民族にも魂という考え方がある。そこには普遍性があるといえる。だから魂とは何かというのは永遠の問題なんです。身体は借りものですから、返却期間がきたら返さなければいけない。ぐるぐる回って戻ってくる。遺伝子はまさに輪廻転生しますからね。

死んで燃やしたら炭酸ガスになって地球をおおうんです。ただ、今は魂の問題はむずかしいからまだ手がつけられていない。私は魂と遺伝子の関係を調べたいと思っているんです。今は、心と遺伝子をやっていますが、最後は魂と遺伝子。遺伝子は身体の設計図なんです。しかし、人間は身体だけではありません。魂の問題を考えないと私の人生は最終決着を迎えられないんです。あの世はいいところらしいんです。「酒は旨いし、ネエチャンはきれいだし、働かなくてもいいし」(笑)。

あの世があるかどうかの確率は5割なんです。「ある」か「ない」か。中途半端はない。すごい確率です。イチローだって3割何分ですから。あると思って生きていたほうが、なくてもいいですが、そんなものあるものかと思って勝手気ままに生きていて、もしあったらたいへんな目にあいますからね。だから、あると思うのが幸せか、ないと思うのが幸せかと思うと、あると思って、ほんとうは科学的には分からないのだけれど、そう思って、最期を迎えるほうが人は幸せなんじゃないでしょうか。

4 笑いをつきつめると死を考えることになる

花緑 死は怖いものだと思われていますよね。

村上 今の医療では「死」が敗北ですから、とにかく生かすことを考える。でも、そうしたらすべての人がいつかは敗北することになる。死は終わりでも、敗北でもなくて、にっこり笑って、ありがとうございましたと言って、まわりの人や身体を貸してくれたサムシング・グレートに感謝して人生を全うすれば、人の最期は幸せだと思うんです。どんなにお金や地位や名誉があっても必ず死ぬんです。サムシング・グレートは命の親だから、身体を貸してもそのレンタル料を払えとはいわないんです。

せめて、みんなが幸せに暮らしてくれっていうことです。それに対して私たちが出来ることが、自然に対する感謝、サムシング・グレートに対する感謝です。コンピュータのシミュレーションで、死なない生きものを作ることが出来るんです。死なない生きものは、最初はものすごい勢いで増殖するんですけど、死にませんからそのうち飽和してしまう。次の世代が生まれる余地がなくなってしまって、新しいものは生まれなく淘汰されていきます。

しかし人間であれば、殺し合いがおこるかも知れない。死が内蔵されているからこそ繁栄があるんです。最近は健康ブームで、健康のために死に物狂い(笑)になっている人もいますが、死というものを考えにいれないと。最後はやっぱり死ぬわけですから。

花緑 私も笑いをつきつめると死を考えることが必要になると思っています。陰と陽、裏と表、本音と建前、緊張と緩和、悲劇と喜劇。人が転んだのを見て笑うのは、悲劇が喜劇になる原型みたいなものだと思います。ですから生と死。これもペアなんだと思うんです。そういう理由から生を描くには死もとらえたいなぁと。

村上 ダライ・ラマにあの世はあるかって聞いたんですよ。そしたら、彼は「あの世には関心がない」って。「今が大事だ」って言ったんですね。

あの世のことはヒマ人にまかせておけっていうんです。輪廻転生についても、ダライ・ラマは転生しているわけですけど、答えないんですね。「今でしょう!」ってことなんです。

5　あの世が100%あるとしたら

宇宙、死、魂、サムシング・グレートなど壮大な話が出てきました。一見「福」とは関係なさそうなんですけど、つきつめてゆくと、やはり必要な話題だと私は思いますね。とくにあの世の話は必須だと！　きっと私はヒマ人なのかも知れませんね！　ハハハハ〜

この話題が必要だと思うわけは、自分が腹の底で思っていることが大事だと思うからなんです。

普段は世間や自分自身にも気が付かれずに済んでいるほんとうの自分。魂の自分。その泉の源流に触れることが大事なんじゃないかと。ほんとうの「安心」はそれを知ったときに訪れるのではないかと。「内観」という言葉があります。自分自身の心の内を見ようということですが、自分のことが一番自分では見えないものですよね。自分の根本の〝想い〟は何なのか？「根の部分」を見たい。

そこに「不安」があれば、「福」も一時のことではないか。本当に福のある人生と呼べるような「持続する福」はやってこないのではないか。「笑う門には福来たる」が絵空事決定！になってしまいます。

　また、魂とは「告白❷」でも書かせていただきましたように、肉体が車で霊体が運転手であると、私は想像しております。その霊体の核のような部分が「魂」なんじゃないでしょうか？　もし魂になんらかの方法で出会えた!?　として、ええ……コンタクト？　認識？　出来たとして、もしそこに「不安」を見付けたとしても、その「不安」は拭えないかも知れない。この「もしもの話」は、きりがないんですが。人は「気付き」によって見えてくる世界が、腑に落ちて開ける世界があると私は思います。真理は意外とシンプルなのかも知れないと。

　もちろん私自身も、まだ自分の魂の目的を知らずに生きています。そうです、知らないんですが、もう知っているかも知れない。もっと歳をとって人生を振り返ってみたときに「あ～これだったのか」と思うかも知れませんね。

　私は「人生は究極の開き直り」だとも思っています。どんなに頑張って徳を積んでも、逆にどんなに人に迷惑をかけて生きてこようが、みんなに「死」は訪れる。

　つまり、今の社会の常識だと死は敗北であり、人類全員が敗北で終わるのが「人生」だということになります。ほんとうにそうでしょうか？

　あの世は「ある」か「ない」かの5割という話ですが、もし死後の世界が「ある」のなら、そこも含めた時間を「人生」と呼びたい。すると人生はアッという間だとよくご年配者から聞きますが、いやいや人生は意外と長いのかも知れません。

大阪、上方落語に『地獄八景亡者戯《じごくばっけいもうじゃのたわむれ》』という噺があります。

色んな遊びに飽きてしまった若旦那が芸者、幇間《たいこ》持ちを引き連れて地獄巡りをするという物語なんですが、とっても明るい落語なんです。そして長いです。1時間はゆうに超える大作。

この演目がトリで語りこなせるのが上方落語では真打ちの証のような噺です。

「三途の川」の川岸にある茶店、渡し賃のやり取り、六道の辻などの場面がいろいろあってどこも笑わせどころ満載の噺です。

あの世の劇場街にくれば、映画、音楽、歌舞伎にとなんでもあって、その落語家の得意ジャンルが全てネタとして語られる場面です。

だからもちろん寄席もあります。ここはどの落語家も必ずやります。亡くなった先輩たちが皆、そこに出演しているんですね。この落語、私は演りませんが、ちょっと考えるとこんな感じです……。

六代目笑福亭松鶴、三代目桂米朝、五代目桂文枝が、あの世に来たてホヤホヤな三代目桂春団治を出迎えての『やっと揃った！　上方落語四天王落語会inあの世！』を開催！　入り切れないお客様が続出しダフ屋が「チケットあるよ〜チケットあるよ〜」の大騒ぎ！　柳家小さんも初代から五代目までがズラッと並ぶ『全柳家小さん落語会』を開催し、ツー好みの渋い落語ファンが連日つめかけます。

高座返しはあの立川談志が務めちゃったりして！ お客さん大喜び！ そしてその談志師匠は「俺が作った番組なんだからあの世でもやってやれ」と初代の司会者だったころを思い出して『笑点』を！ でもよく見ると字が違って『昇天』！ 回答者に五代目三遊亭圓楽、三遊亭小圓遊など懐かしいメンバーと共に、二代目の息子が新メンバーに入ったんだからこっちは私がやるよと初代林家三平も仲間入り。そこへ「俺も入れてよ、ヨイショッと！」。橘家圓蔵もメンバーに。

座布団運びはもちろんこの方、「手を挙げて横断歩道を渡りましょう！ 松崎真でございます」。そして大人気興行が『古今亭志ん生・志ん朝親子会』。その人気のすごさにつき、もう5000回を超えての超ロングラン公演！ スポンサーは〝高級ふりかけ錦松梅《きんしょうばい》〟。志ん朝師匠が高座の上から生宣伝しちゃったりして。「錦松梅がありませんよ、ない？ なかったら買っといたらいいじゃないか〜？」。そこへ志ん生師匠が「おうっ！ 届いたよ〜！」なんて持ってきちゃったりして……という具合になり、最年長の落語家は必ずここで名前が出され、まだ来てないよ！ ああ〜あそこに「近日来演」と書いてある！ なんて言われて爆笑を取るところなのです。

こんなに明るくあの世を描いた作品があるでしょうか?

私は、あの世はあると思っています。その理由として全世界で報告されている「臨死体験」の話が挙げられます。日本では立花隆さん(ジャーナリスト、作家。著書『田中角栄研究―全記録』講談社など多数)の『証言・臨死体験』(文藝春秋)『臨死体験〈上〉〈下〉』(文藝春秋)があまりにも有名ですね。何十年にもわたる研究です。NHKで何度も特番が組まれています。

最近では元・東大病院の救急部・集中治療部部長でもある矢作直樹医師が、多くの人の死に立ち会った立場から、その著書『人は死なない　ある臨床医による摂理と霊性をめぐる思索』『「いのち」が喜ぶ生き方』(バジリコ)などで、生と死、この世とあの世の境を超えた人の生について提唱されて話題になっています。『神(サムシング・グレート)と見えない世界』(祥伝社新書)では、村上和雄先生と対談をされています。

日本のコメットハンター(彗星捜索家)として、世界的にも有名な木内鶴彦さんは、自身が3度の臨死体験をされており、臨死体験を通じて宇宙を知ったというすごい話を語られています。

アメリカの脳神経外科医のエベン・アレグザンダー医師は、もともと死後の世界を否定していましたが、自身が臨死体験をすることになり、回復してから『プルーフ・オブ・ヘヴン　脳神経外科医が見た死後の世界』（早川書房）『マップ・オブ・ヘヴン　あなたのなかに眠る「天国」の記憶』（早川書房）で臨死体験を発表、このごろ話題です。

皆あの世の入り口まで行って帰って来た人たちの報告です。立花さんはその臨死体験者から直に話を聞いています。

皆がベッドに横たわる自分の姿を上から見たりしています。そのときの家族や看護師、医師などの話もちゃんと覚えています。

あの世体験は脳の幻覚・幻聴といった説がありますが、脳神経外科医のエベン医師は脳死状態であの世へ行った人です。そこからの生還です。脳の幻聴説ではこれは説明が付きません。エベン医師自身は臨死体験を否定してきた人ですし、そして脳のことを誰よりもよく知る有能な医師です。その人の報告ですから信頼出来る情報だと思います。

では、あの世が「ある」ことが、もし、もしも100％確定になったとしたらあなたはどうしますか？

我々の暮らしぶりが、何がどうかわるのか？　ちょっと妄想してみましょう。

●先ず、お葬式が陽気になる（落語家はすでに陽気過ぎますが）。

泣く人もいなくなり「お疲れ様ー！」という感じに見送れるようになる。もっと進むと「行ってらっしゃーい！」と送り出すかも。「しばしお別れッ！」と陽気にこの世を卒業出来る。

●生活にゆとりが生まれる。

あの世での生活が明らかになり、あの世で出来ること、逆に、この世でしか出来ないこともハッキリする。皆がこの世を第一の人生、あの世を第二の人生と位置付け、人生を謳歌《おうか》するようになる。

●自殺者が増えやしないか？

こう懸念されますが、私は増えないと思います。なまじ自殺したら先にいったご先祖様たちにいきなり囲まれて団体で叱られる可能性があります。恐らく自らいく人はいなくなる。だって死んでまで怒られるなんて、死にたくないですよね……。

●「生きる」ことの意味がかわる。

「働く」とはまわりを楽にすること。「はた＝傍」とはまわりのことです。つまりまわりに迷惑をかけることを「はた迷惑」といいますよね。ですから「はたらく」とは、はたを（まわりを）楽にさせること。これが本来の仕事の意味なんだそうです。

私も仕事のことや人間関係などで愚痴をこぼしますが、仕事をする環境が自分の理想かどうかは実は関係ないんだそうです。この場合のガマンはやむを得ません（でも、ブラック企業は別ですよ）。人は、自分のためだけに働くわけじゃなく、自分とまわりのために働くわけですから。そうして、みんなが本来に立ち返り、助け合いながら働く社会になるんじゃないか。地位や名誉のために生きるのは、妬まれたり恨まれたりと息苦しいことがほとほと分かり、変な念を残すとあの世でもややこしいことになるのでと、この世での価値観がそうやってどんどん変化していくんじゃないでしょうか。

じゃ、どうかわるのか？　他人《ひと》に喜ばれることをする方向にどんどん進んでいくんじゃないかと思います。

どうやら我々人間は**「自分のやったことが、他人に喜ばれると嬉しい」**という思いを元々DNAの情報として持っているようです。つまりこの感情は学習しなくても元々知っていることで、しかも全世界共通です。

6　あの世とはどんなところなのか？

え〜、すみません！　まだまだ語りきれないので、では、あの世とはどんなところなのか、もう、しばらく妄想にお付き合いください。

第二章の『サイン』の神様の話も参考になります。なんでも叶う素敵な場所という話でした。そうなんでしょう。きっとそうだ！　本当にそうだ！　そうあって欲しい！　頼むーってほとんど私の願望ですが……。

好きなものが手に入ったり、好きな人と過ごしたり、空を飛んだり、綺麗な景色を眺めたり、働かなくてもよかったり、歳を取らなかったり、お風呂に入らなくてもいい、でも入ってもいい。親に怒られることもない、子供に泣かれることもない、何かの締め切りに追われたりもしない、税金や、年金の支払いもないし、もちろんローンも抱えないし、身体も壊さないと……ここまで書くと「福」はあの世にあるんだなぁと思ってしまいますね！

でも、もしもですよ！　ほんとうにそんな「あの世」が存在したとして、我々はずっとそこに居られるんだろうか？

もちろん楽しいでしょう！　嬉しいでしょう！　たまらないでしょう！　……でもそれが続くと飽きると思うんです。

全てが手に入る世界。はじめはいいでしょう。「あの世」に到着直後は欲しいモノが次々と手に入って、それはそれは嬉しいでしょう。会いたい人、食べたい物、欲しい物、住みたい家、やってみたいこと、行ってみたい場所など片っ端からやり尽くすことでしょう。つまり飽きるまでやるでしょう。

じゃ、その飽きた先には何があるんでしょうか？

やはり、燃え尽き症候群のような状態になると想像しますね。嬉しくない。有り難くない。わくわくしない。楽しくない。とにかく、ないないないないです。足りないんです。何かが⁉

それは「困難」だと思います。

「あの世」には「困難」がない（きっと！）。「この世」には「困難」があって、それを乗り越えることによって得られるのが「達成感」や「充足感」であり、そして「感謝」となる。

だから、空腹という困難がないと、まるでお腹一杯のところに美味しいモノを食べ続けるようなもんです。「空腹は最高の調味料」といいますが、お腹が空いていないから、「美味しく感じない」んです。もうありがたく感じない。つまり、なんでも叶うと満たされない。

だから「困難」がないことが「困難」って、これは大問題ですよ。つまり「あの世」で「飽きない薬」でもあれば永遠に居られると思いますけど！（泣いて頼みますから、どうかお願いします！）

そしてそんな「飽きない薬」は存在しないんでしょう。あるいは、少なくとも我々の手には入らないようになっている。

だから今、我々はここにいるんじゃないんですか？ 違いますかね？ 「あの世」が飽きたから「この世」へ遊びに来たんです、きっと。

「困難」を手に入れに。そこからくる「達成感」を味わいに！ それと「充足感」を感じに！ わざわざです。そして「こんなはずじゃなかった」も含めて「この世」の「困難」を味わい尽くして、「あの世」へ帰ればまたなんでも叶う正反対の世界が待っている！

ああ〜もしかしたら「あの世」を軸に考えれば、「あの世」を味わい深いものにするために「この世」へやって来たのかも知れませんよね？ そう考えると次々困難がやってくるこの世界のシステムがよく理解出来ますよね？

若いころは、体力はあるけど、経験が少ないためにうまくいかず困難がある。その辛い気持ちを乗り越えれば達成感がある。

歳を取れば経験が増して自信も付くが今度は体力が衰えて困難がある。その辛い気持ちを乗り越えれば達成感がある。

中には自分の問題は完璧に対処して困難がなくなったとしても、家族の問題は？　世界の問題は？　自然現象、天変地異は？　と次々に困難はやってきてしまうんです。辛い気持ちも増えていくんです。いや、増えていいんです。

だってやって来ればやって来るほど「あの世」は楽しいですから！

私の妄想ばかりで確かなことは何にもない会話を続けていますが、こんなことを考えている間、ちょっとは現実の「困難」を忘れていただけると嬉しいです。それでも「困難」は嫌だ！とおっしゃられるならば！

「困難」の濃度を薄める作戦を提案致します。

7　「シンクロニシティ」という世界

では、もっと現実的に「この世」を楽しむ提案をしたいと思いますが、いかがでしょうか。

皆さん人生の楽しみ方は人それぞれです。もちろん私の楽しみを押し付けることはいたしませんし、出来ませんが。でも、あれを買ったらいいですよとか？　この本を買って読んだらいいですよ？　的なことだとお金がかかりますよね。そういう提案ではなくて、お金をかけずに人との縁を大事にしていくことで「楽しめる」ある現象が日常にはあるんです。

それが「シンクロニシティ」です。**日本語では「共時性」。または「意味のある偶然の一致」**なんていわれます。

端から見ると、そんなのたまたまだよ！　と言いたくなることですが、当人から見ればつながった出来事のように感じられる現象なんです。たとえば、雑誌で旨いカレー屋が紹介されていた。食べたいなぁと思っていたら、昼飯に「旨いカレー屋があるけど行かない？」と誘われたのが、そのカレー屋だった。

電話をかけようと思っていた友達から電話がかかってきた。久しぶりに同級生と会って、ある人の話題で盛り上がっていたら、目の前を、そのある人が通りかかった。

炊飯器が壊れて買い換えたいなぁと思っていて、街中を歩いていたら、特売の炊飯器が目に入った。こんなことって日常たま〜にありますよねェ？　これです。これがシンクロニシティです。

こんな共時性の現象に注目して、意識するようになると人生はとても面白い方向へ進むと思います。

まあ、自分のシンクロニシティの話を他人が聞いても「へ～」くらいのリアクションで終わることも多いんですが、実際に自分からおこそうとしても自力ではおこせないのがシンクロニシティの面白いところです。

これを、たまたまだよと言ってスルーしてゆくか、この現象を楽しい楽しい！と言って生きていくのかで、人の一生はかわると私は思います。

でも、シンクロニシティは誰にでも、そしていつでもおきている可能性がある。**ただ「気がつくか「気がつかない」かだけなんだと思います。**

私の身の周りでも数々のシンクロニシティがおきています。

分かりやすい話だと、ある日の朝、家で聴いていたラジオから清水ミチコさんの声が聞こえてきました。新しいCDの宣伝をしている様子。ピアノの弾き語りでモノマネをやる面白いCDです。妻が、「あ～いいなぁ、清水ミチコさんのCD欲しいなぁ～」とさりげなくつぶやきました。

その日の夜に、私の都内で行われる独演会があり、終わってお客様から楽屋でいろいろいただきものをしました。打ち上げも終わり、家に持ち帰ったプレゼントのその中に、なんと清水ミチコさんのCDがあったんです。ビックリしましたね！　これはたまたまだ。偶然だ、といってしまえばそれまでですが。

私が独演会や高座をつとめるのはお陰様で1年間で平均250ヵ所くらいです。その1年間の内にお客様からプレゼントでCDを貰う確率は非常に低いんです。恐らく1年で1枚貰うかどうか。つまり250分の1の確率、それ以下かも知れないCD。その日の朝に清水ミチコさんのCDが欲しいと口にしたんです妻が！　しかも清水ミチコさんのCDははじめて貰うわけ。プレゼントの包装紙を解いたとたん「うわー！！」と夫婦が叫んだ光景をご想像ください。

今日の今日ってすごすぎます。

シンクロニシティは必ず思いがけない時にだけおきています。

予測した時にはおきない。きっと次も欲しいCDがただで手に入る！　と思ってあれが欲しいこれが欲しいといってみても絶対に手に入りません。期待しちゃうとダメみたいですね。どうも「純粋な感情」だけが返ってくるんですかね。「わくわく」したら「わくわく」が返ってくる。「心底嬉しかった」ら「心底嬉しかった」ことが返ってきます。

いつどういう形でおきるのかは分からないんです。執着する心ではシンクロニシティはおきないんですね。執着はいずれ心配にかわるんです。「きっとおきるぞ……おきるに違いない……本当におきるだろうか？……」と心配になる。心配から不安になる。「不安が多い状態」は、また「不安が多い状態」を生むんですね。ですから、「わくわく」していると「わくわく」が次におきる。「心底嬉しかった」ら「心底嬉しかった」状態が次におきる、みたいな感じなんです。でも、それを追っかけてはいけないんです。執着するとシンクロニシティはおきません。終わっちゃいます。

電車だったら降ろされています。これを執着（終着）駅といいます！

実は古典落語の中にもシンクロニシティを見付けることが出来ます。

それが人情噺『子《こ》別《わか》れ』です。先ず「あらすじ」をご紹介します。

葬式帰りに吉原へ行った熊五郎さん。昔の馴染みの女と偶然再会し、3、4日、家に帰らず吉原に居続けをしてしまう。

酔っ払って家へ戻れば当然、夫婦喧嘩がはじまり、その挙句は「気に入らなければ出ていけ！」の一言。妻はまだ小さい一人息子の亀ちゃんの手を引いて家を出てしまう。それを機に熊五郎は吉原の女を家に引っ張りこみ一緒に暮らすが、長屋住まいで、遊女が大工の妻におさまるのはむずかしく、結局その女にも逃げられる。

一人になってやっと目が覚めたのか、好きな酒を断って、仕事に打ちこむ日々。

一人暮らしも3年続いたある日のこと。少し大きくなった息子の亀ちゃんと表で偶然再会する。小遣いをあげて家に帰すがここで会ったことは母には内緒だぞと男同士の約束をさせて、明日は鰻屋へ行く約束をして帰してやる。

父から貰ったお金が母の目に留まり、盗んだものと勘違いをされ「どこから盗ったか言わないとおとっつぁんのこの金槌でぶつよ！」と叱る。父と再会しお小遣いを貰ったこと、明日は鰻をご馳走になることを涙ながらに打ち明ける亀ちゃん。

母は喜び、翌日には亀によさげな着物を着せて家を出してやる。自分も気になるからと鰻屋へ出向き、久し振りに夫婦が対面する。熊五郎が詫びを入れ、よりを戻すことに。「こうして3年振りに夫婦が一緒に暮らせるのもこの子があってこそ、子供は夫婦のかすがいですね」の母の言葉に亀ちゃんは「あたいがかすがい？　ああ～それでおっかさん昨日、金槌でぶつって言ったんだ」

材木同士をつなぐ金具に鎹《かすがい》というものがありますね。それを知っていて分かるオチです。この噺のどこにシンクロニシティがあったのかというと。

3年振りにおとっつぁんと亀ちゃんが表で再会します。そのわずか数分前に一緒に歩いていた伊勢屋の番頭さんと「この頃、息子に会いたいとそう思っていたら息子の夢をみたんですよ」と、こんな話題で盛り上がっていた時に目の前でバッタリと再会をします。会いたい、会いたいと思いはじめたのは、ここ数日のことだったんです。

つまり別れてから一遍も会うことのなかった親子が、また息子に会いたいと、それまで一度も思わなかった父の熊五郎が「会いたい」と思うようになってから突然に再会を果たすのです。

シンクロニシティは物語の中でもおきている。探せばいろんなところにありそうです。

8　仕事先でおきたシンクロニシティ！

あれは数年前。福岡での独演会のお仕事をいただいた時のこと。当日は台風15号の直撃が予報されていて、主催者さんより急遽、前日入りは可能かと前々日に連絡が入りました。観に行くはずの演劇の舞台をキャンセルして、前日にカミナリがゴロゴロ鳴っている福岡空港へ飛んで行きました。

あとで聞くと引き返した飛行機が何機もあったそうで、私の乗った飛行機は無事福岡空港へ着陸出来ました。その最中、主催者さんも大変です。前日、そして当日の朝から「中止ですか？　開催しますか？」と電話が鳴り止みません。「大丈夫です。花緑さんはもう福岡入りしておりますので、開催致します！」と強気にしかし丁寧に対応するのです。何せ、私がもう福岡入りしておりますから恐いものはありません！

ですから逆に私を呼んでしまったので、今度はどんな嵐でもやらなくては！　と主催側は決めておりました。そして当日（2013年8月31日）の朝、泊まったホテルで西日本新聞の朝刊をパッと広げてみて驚きました。新聞1面のコラム春秋に私の記事が掲載されていたのです。その記事は数年前から私が取り組んでいる「d47落語会」（D&DEPARTMENTさん企画による落語会）。47都道府県に行ってその県の落語をやろう！　という企画物の独演会（今現在、16県の落語をやりましたが全て終えるのにあと10年くらいかかる企画）です。

作家、藤井青銅さん（放送作家・作家・作詞家で花緑はNHKEテレ『にほんごであそぼ』

で出会う）の脚本。その現代ものの落語を、洋服を着て椅子に座って語る「同時代落語」の取り組みです。

もちろん私は取材を受けた覚えはありません。私の会に来て自ら新聞の1面のコラムに掲載してくださっていたのです。しかも今日、福岡で私の会があるというのを知ってか知らずか、会の告知はありませんし、その日の独演会は47都道府県の落語会ではないのです。だからたまたまその日、その記事が福岡で一番、街の人に読まれているという新聞の1面に出たのです。

私は福岡の新聞のコラムに出たのは人生初です。これから台風でお客様がお越しになれるかどうか分からない時にです。そして直撃が予報されていた時刻午後3時に落語会も開演時間を迎えるという間の悪さ！　ところがです。風が急に穏やかになり、雨がパラパラ～程度で、だんだん止んできちゃったんです。なんと上陸した台風は突然温帯低気圧にかわったのです。予定していたお客様は全員お越しいただきました。

この日におきたシンクロニシティの意味は、（福岡での独演会は実は十数年も前からやらせて頂いておりますが）恐らく一番のピンチを迎えたその時に、何者かが応援してくれているかのような新聞記事が掲載されたことなのです。

落語会は心配しなくても必ず開催されるよ〜と、エールを送ってくれているようなシンクロ！　です。もちろんこれは、私がそう思ったという話なんですよ。独演会当日に台風が消滅してくれました。すごいことです。もちろんその日の独演会はお陰様で、お客様との一体感のある忘れられない独演会になりました。

シンクロニシティの奇跡のような話を次々ご紹介しておりますが、その奇跡は実は、楽しいことばかりじゃないんです。ハッキリ言ってきてほしくないものも、やってきてしまうんですね。

ある日、私は仕事帰りに一人羽田空港からタクシーに乗りました。走り出して直ぐ、私は違和感を覚えます。「んっ！」やたらと車が前後に揺れるんですね。なんだこの車は？……っていうか、なんだこの運転は？　どうやら運転手さんはアクセルとブレーキを交互に踏みながら運転しているんですね。大袈裟に言えばロデオです。

機嫌の悪そうな馬や牛に飛び乗って振り落とされまいとガックンガックンいって最後に落っこっちゃうあれです。もちろんそこまでじゃないんですが、でもそんな感じを思わせます。当然私は気持ち悪くなってきますね。そしてもう限界も近づき、私は告げてある目的地より、はるか前にそのタクシーを降りました。あんなひどい運転ははじめてでした。そこから歩いて帰ってくると、もちろんこの話を妻にしゃべり、弟子にしゃべり「信じられないよ〜」と言いながら、でも段々とその話のことも忘れてしまったある日のこと、九州での仕事があり、朝早くから飛行機で向かうことになっていました。

自宅にタクシーを呼び、その日一緒に行く妻と乗車しました。乗ったとたんに運転手さんから「先日もお乗せしましたね」と、年配の少し痩せた運転手さん。「あ〜そうでしたか？」走り出して直ぐ分りました。ロデオです。ガックンガックン前後に揺れております。「ああ〜……」朝から憂鬱な気分を味わいながら、妻が気持ち悪くならないか心配しました。そしたら私が空港に着くころにすっかり酔ってしまったのです。幸い妻はギリギリ大丈夫でしたが、佐賀県でその日の夜に独演会を行う私は、持ち直すまで少し時間がかかりました。

どうですか皆さん。東京にはタクシーが5万台以上走っているんですよ。普段同じ運転手さんに会う確率は非常に低いです。それが数ヶ月の内に出くわしたんです。もうビックリです。で、ビックリしてたらその1週間後、やはり仕事帰りで新幹線を降りて荷物が多いので品川から車に乗りたいとタクシー乗り場の列に並んでおりました。すると私の番が次の次になった時、目の前にあのロデオのおっちゃんの車がスゥッとやって来たではありませんか！

「おおおー！！！」私は驚きと恐怖のあまり心の中で叫びました。

私の前の人がその車に乗ったんです。見送るとガックンガックン前後に揺れながら車は走り出しておりました。危機一髪！　たいへん安堵しながら次のタクシーに乗って帰宅することが出来ました。

実はこの話は、余りしたくないんです。……分かりますよね。私も皆さんもお乗りになりませんように。

小林正観さんから生前に「意識の密度が現象の密度」という話を聞きました。

そのことばかりを口にして意識にとめていると、現象としておこる確率を上げているという話です。

うちの家族で一番ゴキブリが嫌いなのが兄です。バレエダンサーをしている小林十市《じゅういち》といいます。そして、家族の中で一番ゴキブリに遭遇するのも兄なんです。

家族で外食をしたりすれば途端に兄が道端で「あー！」とゴキブリを見付けるんです。兄は恐怖のあまり、いつも下を見ながら歩いているんですね。「会ったらどうしょう。見付けたらどうしょう」と。だから、直ぐ見付けちゃうんです。

「嫌だ、嫌だ」も含めて、その事を話題にしていると「引き寄せて」しまうということなんです。

そのことに関心があるということです。フォーカスの合っている状態ですから、引き寄せてしまうんですね。ロデオのタクシーの話はまったくそれだと思います。

たくさん「思っていること」は現実化しやすい。占いなんかで、「あなたは事故に遭う」なんていわれて、それを気にしていると、むしろ事故に遭う確率を自ら上げているということです。

だから、**「ツイている」と言うからツイている**と言えるんです。

だったら「宝くじ当たったー！」って思うのは、どうでしょうか？「当たるかなぁ？」じゃダメですよ。その「当たるかなぁ」の状態が次に現実化しちゃいますから。当たったところを想像しないと「当たった状態」を引き寄せられません。ちなみに私は……「当たりましたよー！　300円が！」。

そしてこれは、一生に一度の奇跡がおきたようなシンクロニシティ！

その年、NHKの朝ドラ『あまちゃん』が大流行しておりました。宮藤官九郎さんの作るあのドラマが面白くって私も興奮しながら毎日の15分にハマっておりました。

春からはじまったドラマは9月一杯まで放送。終わっちゃったら悲しいなぁ〜。「あまロス」

になる〜なんて、そんな言葉も話題になりました。8月に入り2日の新聞に『あまちゃん』クランクアップの記事を見付けます。

そうかぁ、放送は9月まであるけど、撮影はもう終わったんだ。と思いながらあと2ヶ月で終わる『あまちゃん』がだんだん佳境に入ってきてドラマが一段と面白くなってきていたころでした。

私は8月2日が誕生日です。SNSではフェイスブックやツイッターなどでたくさんの皆さんから「おめでとう」メールをいただきました。その中のお祝いコメントに「ここから1年いい年でありますように！」というメッセージがいくつかありまして、そうかぁ！誕生日から1年の幸せを祈るそんな見方もあるのかぁ〜と思い、よし、この1年いい年にしよう！と思った次の日の8月3日。予想も出来ない、とんでもなくいいことがおきちゃいました。

8月1日〜10日まで私は新宿末廣亭に出演しておりました。出番は夜席《よるせき》のトリです（トリとは一番おしまいに出て、一番長くしゃべります。ふつうの出番は15分。トリは25分〜30分しゃべります。表の看板も大きいです。落語家としてトリを務めるのは名誉なことであり、真打ちの特権です）。そんな気合いの入る末廣亭で1年に10日間のメインの興行。

そして、昼席のトリを務めるのは九代目林家正蔵（分かりやすくいうと元・林家こぶ平）師匠です。つまり昼と夜で、ダブルお坊ちゃん興行！　という感じです。

寄席の顔付けが落語協会会長と事務局長さんと席亭さんで2ヶ月前という割と直前に行われることが（私の知る限り）決まりごとになっておりますので、先に受けた仕事がある場合、寄席は代演といって10日間興行の内、3日間は出番の交代が許されております。

そんな理由から8月3日の土曜日のこと。昼席のトリ、正蔵師匠がその日お休みをすることになりました。代演は、同じ落語協会に所属する落語家が出番の穴を埋めるのですが、二百人くらい真打ちがいるのに、その出番が私に回ってきました。

しかも私は夜席のトリで出演しているんです。つまり昼夜でトリを務めてほしいと席亭さんから頼まれたのです。お客さんは「昼夜流しこみ」といって昼席が終わっても、夜席おしまいのトリまで観ることが出来ます。そこにまた同じ演者が2回も高座に上がってくる。これを「2度上がり」といって寄席では滅多に見られない光景です。それも間の出番の15分の高座を務めるならいざ知らず、昼夜でのトリは聞いたことがない。

その日、昼席のトリを務め、夜席は先ず、池袋演芸場の出番もこなし、また新宿末廣亭へ戻って参りました。夜席トリの高座に上がる前に、当時のお席亭の北村幾夫さんにご挨拶しに木戸へ行きました。すると「今日はすごいことを花緑さんがしているけど、ちゃんと分かっている?」と聞かれたので「ちゃんとは分かりません」と答えました。

「俺の知る限り、昼夜でトリを務めた芸人は六代目三遊亭圓生《えんしょう》師匠以来だよ」

え――――!!!

あの名人三遊亭圓生師匠以来ということは、兄弟子で人間国宝の小三治師匠や、師匠で人間国宝の五代目小さんも成し得なかったことを私がしていることになります。

なんということでしょう!(ビフォーアフターか!)圓生師匠が亡くなってからその年で34年の月日が経っております。少なくとも34年間、新宿末廣亭においてはそういうことがなかったという、ご法度みたいなことに今回、風穴を開けるのです。

もうビックリです! 三遊亭圓生師匠とは、昭和の名人を代表する噺家で、落語協会の会長を務め、勲四等の受章、そして『圓生百席』と題して様々な古典落語百席を録音により世に残している師匠。名人中の名人。人気と実力を兼ね備えた存在だったからこそ、昼夜のトリを務められたのでしょう。

しかし、私の様なポジションの人間にこんな機会が巡ってきたのは、お席亭の超気まぐれか? イタズラ心か? 腹いせか?(誰に?)まぁ察するところ、林家正蔵師匠のかわりですから、共に偉い落語家を身内に持つお坊ちゃん同士、マスコミに顔の知れた者同士、ちょうどいいと思われたのだと思います。

そして、この驚きをお客様に伝えなくてはいけない。私はそう思い、夜席のトリに上がるやいなや「今日お越しのお客様は皆さんラッキーですね！　何故って今、落語界の歴史的な瞬間を迎えておりますから」といって三遊亭圓生師匠以来の昼夜流しこみでのトリを説明致しました。「皆さんは滅多に見られない、その瞬間に立ち会っているんですよ。そして落語家が700人以上いる中で今日一番ツイテル、おそらく一番ラッキーな落語家を見られる皆さん、い、い、い、いさんもラッキーですね！」そう説明してお客様から拍手喝さいを浴びたのです。

古典は『二階ぞめき』。店の二階に吉原の建物を作っちゃって、そこで妄想にふける若旦那のお噺。

それをしゃべっていると客席上手《かみて》の桟敷席のところ。ちょうど目線に入る位置に見たことのある女性が座っている。でも、まさかここに居るわけがない。でも、似てる、とっても似てる！でも……なわけない！　落語をしながら、ひょっとしてという思いからドキドキして噺を間違えそうになりながらもしゃべり続けました。

高座を降りて直ぐ楽屋にいる弟子に聞きました。「ねぇ、今日客席にさぁ、『あまちゃん』

に出てる主演女優の能年玲奈（ただいまは『のん』に芸名を改名していらっしゃいます）ちゃん来てなかった？」楽屋は誰一人「さ～……」というリアクション。そんな話をしていたら楽屋の扉が開き、花いちという私の弟子が「ののののの～ねんさんががががが」ド緊張しながら楽屋にお連れしたのです。

間違いなく本物の能年玲奈（のん）ちゃんがそこにいました。その日の朝も『あまちゃん』を観ていました。信じられません。理由を聞けば、落語は一度寄席で観てみたかった。先週来ようと思ったけど撮影中で疲れて来られなかった。もう撮影が終わったので、今日は友達と一緒に観に来たというではありませんか！

一昨日クランクアップしたという記事を昨日見たばかりです。その主演女優さんが私の目の前に、末廣亭の楽屋に屈託のないあの顔でニコニコしながら座っているんです。

私とは面識のない能年ちゃんがなぜ楽屋へお越しになったのかというと、私が「まくら」でラッキーなはなしをしたのがキッカケで、やはりラッキーな花緑さんにあやかりたいという理由で、お越しいただいたというのです。

え――――！！！

だって皆さん、あの時の能年玲奈（のん）ちゃんの勢い！『あまちゃん』の人気！それはそれはすごかったじゃないですか、その年一番ラッキーな女優さんと言っても言い過ぎじゃありません。

しかも先週来ようと思ったということは、別に私を目当てで聴きに来たわけではないのです。私は今週からの出演ですから。申し訳ないですけど、どれほど私はラッキーなんだ！とビックリしました。そしてもちろん一緒に写真も撮りました。後日、のんちゃんもご自身のブログに写真と寄席に来たところをアップしてくれております。

寄席で34年振りの昼夜でトリというラッキーな出来事がおきたお陰で、夢中で観ているドラマの主演女優さんが私の落語を聴いてくれた。しかも楽屋に会いに来てくれた。信じられません。

もう神！　サムシング・グレートに感謝！　もう大感謝です！　誕生日を迎えた次の日に突然予想も出来ない巨大ないいことがおこったのです。この場合のシンクロニシティは、いつも観ている、会いたかった女優さんが目の前に現れた。

ここからいい1年を、と言われた次の日にいいことがおきて、ほんとうにいい1年がスタート致しました。

そして、この話には有り難いことにオチまで付いちゃいました。

興奮冷めやらぬ次の日の8月4日。私はその日も末廣亭の夜席のトリを務めますが、その前に昼間は、福岡まで三遊亭円楽師匠よりいただいたお仕事に出向きました。第二章でもご紹介しました落語祭りの関連イベント。

その名も「博多・天神落語まつり　プレイベントリビング寄席　秋まで待てない落語会」と題して円楽師匠、立川談春師匠、桂米團治《かつらよねだんじ》師匠と私というメンバーで1500人のホールが満杯になりました。そして楽屋で先輩が読んでいたスポーツ新聞の記事に、私の目が留まります。

「海老名泰葉さん復活コンサート！」という記事です。ご存じ、泰葉さんは正蔵師匠、三平くんのお姉さんです。そして元々シンガーです。記事を読むとその復活コンサートを家族全員が支えたと書いてあり、兄弟の正蔵、三平も木戸（チケットのもぎり）を手伝ったと書いてありました。

その復活コンサートは昨日です。8月3日に行われた……ああー！　正蔵師匠が寄席を休んだ理由はそれだったのかー！！！　そのとき分かったんです。家族愛の強い一門であることは、皆さんもご承知の通りで、お姉ちゃんの復活コンサートともなれば、弟は寄席でトリを務める予定があったとしても、家族一丸となって姉の復活を支えたのです。

そして、そのお陰で、私に昼席のトリが回ってきて、席亭さんが六代目圓生師匠以来の快挙と気付き、それを高座でしゃべり、のんちゃんがたまたまその日に寄席に来てくれて、ラッキーにあやかりたいといって、楽屋にもわざわざ来てくれて超スペシャルな日が完成したのです。

やはり、奇跡を生んだのは愛の力だったんじゃないでしょうか。林家一門の家族愛の強さが想像以上だということと、日常の色んなことは愛で連鎖して行くということを痛感したシンクロニシティでした！

9 魂の喜びが隠されている

ここまで、お読みいただいてどうでしょうか？

「福」については、皆さんがそれぞれに思う「福」が当然おありでしょう。地球の70億人が皆同じモノを好むなんて、あり得ないです。バラバラだからいいんだと思います。同じ日本人でも落語を好きな人、聴かない人、様々ですから。

ですが、ここで話題にしたかったのは、「あの世」の話は気持ちの土台、「不安」のないベースを作ることが出来るのかも知れないと思ったからです。「シンクロニシティ」の話題は、皆さんの生活の間《あいだ》。事と事の間。物と物との間。人と人との間をつなぐモノ。

その間の日常がめんどうくさい作業などでは決してなくて、そここそが自分自身ではコントロール出来ないシンクロニシティという「宇宙」の謎が広がる領域であるということ。そこに注目してみると人生の楽しみの幅がうんと広がると思ったからこんな提案をさせていただいたんです。

私は、落語が好きで、落語家になりました。しゃべっている時は、もちろんまだまだ悩む時もありますが落語家でいる自分はとても幸せです。普段は、映画を観たり演劇を観るのも好きです。最近はカフェ巡りも好きですし、インテリアショップや、アンティークな家具の並ぶお店を観るのも好きです。そんな自分の好きなことは、わくわくする人生の彩りだと思います。

「あの世があるという考え方の土台」+「自分の好きなこと」+「シンクロニシティ」=「福」

こんなバランスはどうでしょうか？　そこに心からの至福。「魂の喜び」を感じられる気がするんです。まだまだ歳を重ねてゆくと、喜びの度合いはかわってゆくかも知れませんが、今よりも「福」と感じることが増えてゆけるような生活を送ってゆきたいと思っております。

第三章●「福」のまとめ

❶福とは満たされること。
「福」は「お金」と言い切ってしまえば、それだけのことですが、人はそれだけで、満たされません。出会いも〝福〟であると、村上和雄先生に教えていただきました。

❷笑いは魂と身体を救う。
笑いは魂と身体を救う。魂が喜ぶことが「福」という状態ではないでしょうか。それが、利他の精神で、他の人の役に立てば、魂を喜ばせることが出来ると思います。

❸神様にも笑いが必要だった。
神様も危機を笑いで乗り切りました。赤ちゃんは教えなくても笑います。それは、人間に笑いの遺伝子が元々備わっているからです。「笑い」と「福」は同じ場所にあるのでは。

❹あの世はあると考えたい。

笑いをつきつめて考えていくと死を考えることになります。あの世も含めて人生と考えたい。

〝死〟は敗北ではなく、第二の人生です。〝生〟は〝完璧なあの世〟では味わうことの出来ない〝危うさたっぷりの人生〟を、この世に味わいに来たということです。そう考えると、気づかなかった「福」が見えてくると思います。

❺シンクロニシティという世界感は、人生の困難を薄める作戦。

シンクロニシティを「福」ととらえると、日常生活を想像も出来ない楽しい気持ちに変えてくれます。狙ってもおきない。期待ゼロで、今を楽しんでいるとどんどんおきてきます。

普段 気がつかなかったことに心をフォーカスすると、日常がわくわくしてきますよ！

第四章

「来たる」

1 「来たる」が来たりです！

「笑う」「門には」「福」まで参りました。皆さん！　いよいよ「来たる」が来たりです！

さぁ、ここから、どう読み解いていきましょうか……。

ことわざのおしまいの言葉ですから、これで、やっと、全体像がみえてくるはずです。ゴールも直ぐそこなので、どうかもう少々お付き合いを願います。

でも、そう気合いを入れて「来たる」に望まなくても、もう、これまでの章で答えが出てしまっているようにも思いますね。

先ず、今までの読み解きで、キーワードになりそうな部分をピックアップしてみましょう。

●笑いで痛みは改善することが分かった。笑うと血糖値が下がり、ちょうどよくなる。笑み筋体操をしても血糖値が下がる。ただ大声を出して笑うだけでも身体にいい。笑いは副作用のない薬である。

●「ストレス」が悪いのではなく「悪いと思う心」が悪かった。「ストレス」＝「悪」という思いこみをやめてみると、「ストレス」を味方にすることが出来る。

●身体の細胞は助け合ってみんなで生きている。我々がどう生きればいいのかを教えてくれているようです。

●「悪いこと」を無理に「良いこと」に思うのはよくないし、その必要もない。なぜって、はじめから「悪いこと」なんてないからです。「悪いことだと思いこんだことがよくなかった」。ストレスは悪いと決め付ける時と同じことのようです。

●宇宙は中立です。幸も不幸もなく、すべては自分の心が決めていただけなんですね。思い方次第でした。

●家族は違うもの同士が集まって出来ているチームである。

●困難な人間関係を体験するために「家族」がある。だから困難を想定内に考えて開き直る。

●「頑張る」の反対は「感謝」だった。感謝をすることで、競争から協調する生き方に変わる。

●師匠の五代目柳家小さんの生き方から学んだのは「優しさは強さ」そして「弟子は師匠なり」。人に教えるとは言葉ではなく、自分の〝ありよう〟を見せることである。

●福とは「満たされること」。そして、福とは「出会い」である。人との出会いは最高な福。

●「笑いは魂を救う」。魂が喜ぶことが「福」。それが、利他の精神で、他の人の役に立てれば、魂を喜ばせることが出来る。

●神様も危機を笑いで乗り切った。

●赤ちゃんは教えなくても笑っている。人間には、「笑いの遺伝子」が元々備わっている。「笑い」と「福」は同じ場所にあるようだ。

●「死」は敗北などではなくて、第二の人生ととらえる。

●「困難」はこの世にしかない。

●その困難が想定内でも、辛すぎるようなら「シンクロニシティ」で人生の困難を薄めてみるのはどうか？　シンクロニシティは、狙ってもおきない。期待ゼロで、今を楽しんでいないとおきてこない。

さぁ、どうでしょうか？　だいぶ、ここまでいろんな話にお付き合いいただきました。笑いについて、物の見方について、そして、人生については死後の世界までも妄想してみました。そこで、皆さんに提案させていただきたいことがあります。それは私が、勝手に作り直した言葉、「笑う〝人〟には福来たる」。これをそのまま実践してみたら、案外上手くいくのではないか？　と、そう思うんです。

とにかく、日々、笑うことです。たっくさん、てんこ盛りに笑うんです。ただ、そうはいいながらも、注意も必要です。絶対に無理はしないことです。辛い時、悲しい時、無理をしないで、すべてを吐き出しましょう！

そして、愚痴もどんどんいいましょう！ 文句もです。ためこむのが一番よくないと思うからです。辛い時には辛いといい、疲れたら寝ましょう！（もちろん時と場合によりますが）そうして自分をなるべく自然体に近付ける。素直な自分に戻る。肩の力を抜いて、深呼吸ふ〜。そしてハハハッと笑うことです。

笑いのパワーについては、村上和雄先生、西本真司先生のご協力もあって、いろいろ分かりました。「笑い」は血糖値を下げて、免疫力を上げる働きがあるんですね。さらに、病気の痛みも緩和します。つまり身体の調子を整えてくれるのが日々の「笑い」なんですね。「笑いは副作用のない薬」なんですから！

そして「笑い」は心のバランスもとってくれそうです。大勢で笑い合えば、心も身体も調子が良くなっていくと思います。

そして、ここで私は思うんです。笑いには、もっと隠されたパワーがあるはずだと。その根拠は、神様も危機を笑いで乗り切った話がありましたね。みんなが宴会で笑い合っていると場が和む。和んだ空気は、音叉となって、岩の中に閉じこもったアマテラスオオミカミの心に共鳴しました。

つまり、笑いが硬い岩戸を突き抜けて、岩戸のように固い心もかえてしまったんですね。力ずくではなく、笑いずくで!?（そんな言葉はないか）でも、この神話が教えてくれたものは、とても大きな意味があると思います。深刻な事態をどう乗り切ったのか？ というお話ですよね。その答えは陽気に笑いで乗り切ったということなんです。

2 深刻なときこそ真剣に

深刻と真剣。この言葉は、同じような意味として今までとらえていたんですが、全然違うんですね。深刻は、たいへんな時に使う言葉ですよね。よく深刻な事態といいますね。大災害がおきる。テロがおきる。家族が亡くなるなど、深刻な事態は突然、我々の目の前に現れます。笑いのおきない世界です。

真剣は、まじめにトライしている様子です。真剣勝負と聞くと、スポーツや腕を競う時に使っている姿が浮かびます。この言葉には、さわやかな笑顔も似合いそうです。ですから「深刻は陰」「真剣は陽」といういい方も出来ると思いますが、いかがでしょうか？

陰気、陽気は落語のまくらでも語っております。ものごとすべてが、陰と陽とでつりあいをとっているんだそうです。

昼が陽で夜が陰。世界も陰と陽でつりあいがとれています。いやいや、それは違うとおっしゃる方もいそうですね。昼が陰で、夜が陽なんだと、そんな夜遊び好きな人の意見も聞こえてきそうですが……。

春になるとお花見をします。綺麗な桜の木は見ていると、こちらの気持ちも陽気にしてくれます。そして木にも陰と陽があります。意外にも落語の世界では桜の木は陰木《いんぼく》なんだそうです。

考えてみれば一年のうちで花を咲かせる期間が短いですからね。確かに陰木なのかも知れません。陰気な木の下で陽気にさわぐ。上の花が陰で、下で酒盛りをしてさわいでいる人たちが陽です。

ここで陰と陽のつりあいがとれている。柳の木、あれは反対に陽木《ようぼく》なんだそうです。一見地味にしか見えませんが、一年中同じように葉を茂らせて風にゆらゆらと揺れています。昔から幽霊は柳の木の下に出るといわれておりました。昔の幽霊画にもそういうのを見た覚えがあります。

つまり陰気な幽霊と、陽木の柳の木。これで陰と陽のつりあいがとれているんですね。その幽霊の手つき。見ると手のひらを下に伏せて、あのお馴染みな形で「うらめしや〜」なんて出てきます。手のひらを下に向けると陰です。上を向けると陽です。ですから、手が上を向いている幽霊っていうのは見たことがない。「うらめし〜」と、その手を出されても何だか物欲しそうにしかみえません！

お祭りのお神輿。これは陽気に担ぎますから、あおる人たちにも「わっしょい！　わっしょい！」と手のひらを上に向けて勢いを付けます。これが反対の手つきでやると、何だか元気が出ないように感じます。そして喧嘩。けんかは、始まると派手になりますから、仲裁する人は手を伏せて陰の手で封じこめる。「やめなよ！　お前の気持ちも分かるからさぁ……まぁまぁまぁ」と手を伏せて収めますが、これが反対に上を向けた陽な手つきだと「やめなよ……お前の気持ちも分かるけど……やっちゃえ！」と、やらせたくなっちゃいます。

ご紹介したように、世界は陰と陽でつりあいをとっているんですね。

ここで「深刻」と「真剣」に話を戻します。深刻は陰。真剣は陽ですから、つりあいをとるには、「深刻」な時にどうすればいいんでしょうか？　そうです。「陽気」に対応しなくてはつりあいません。深刻な時に深刻でいると、陰に陰を重ねますから、沈みこんで暗〜くなってしまいます。

では、真剣な時に陽気になって興奮し過ぎちゃったらどうするのか？　陰におさえてクールダウンをしてつりあいをとることが必要でしょう。

天の岩戸に閉じこもったアマテラスは、深刻でしたから、どちらかというと陰気です。それを宴会でストリップまでして真剣になってバカ騒ぎをした。そんな陽気な方法で心を動かして解決へ導いたんです。

深刻な時こそ真剣に。陰の空気は陽にかえてつりあいがとれる。その陽気を支えるパワーが「笑い」だと思うんです。「笑う〝人〟には福来たる」。自分の日常に笑いが多いと、「夢」や「満たされる心」の福をゲット出来る準備が整った状態になると私は思うんです。

スタートは笑うこと。そして陽気な感じで愚痴をこぼし、陽気な感じで疲れたといい、そして、出来るだけ陽気な感じに、ものごとをとらえてみること。陽気な空気をまとっていると、どんな空気の中にも、驚かずに、入っていけると思うんですよね、きっと！

3　私たちの身体には「笑いの遺伝子」がある

ここで、もう一つ「笑い」がすごいなと思ったところを申し上げると、村上先生のおっしゃっていた「赤ちゃんが誰にも教わらずに笑っている」という話です。

改めていわれてみると本当にそうだなと思うんです。誰にも教わっていなくても、あの最高な笑顔が作れる。見た人みんながその笑顔で嬉しくなる。幸せを感じるんです。「笑いの遺伝子」が我々には組み込まれていることに感謝しますね。

先ほどから私は「疲れたら疲れたといえばいい」「愚痴もどんどんいいましょう」とかいっております。心の勉強をしている人が聞いたら、「あれ？　花緑は何いってんの？　そんなネガティブな言葉。マイナスなことは、いわない方がいいんじゃないの？　この人、小林正観さんを好きだといっていたけれどもその教えにも反してる」と思った方もおられるでしょう。でも、そうではないんです。

正観さんは「嬉しい、楽しい、幸せ、愛してる、大好き、ありがとう、ツイてる」という、いい言葉をたくさんいって、「不平不満、愚痴、泣き言、悪口、文句」をいうのはやめましょう。とおっしゃっておりました。なぜかというと、宇宙の法則として「投げかけたものは返ってくる。投げかけないものは返らない」とおっしゃっていたからです。つまり「水の波紋」と同じで、ポタンッと水滴を水にたらすと波紋が広がり、また元に戻っていきますよね。すべてはこの現象なんだと説いたのです。はじめから何もたらさなければ、何もおきない。

その代わり、これでは、何もはじまらないんです。ところが、投げかけたものは、必ず自分めがけて返ってくるわけですから、何を投げかけるのか？　ここが大事ですよとおっしゃっているんです。不幸を口にして、幸せは返ってこない。幸せを口にして、不幸はやってこない。あなたが何を発信するかで、受信するものが決まるんですよという考え方です。その通りだと思います。実に素晴らしい。正観さんありがとう！

そして私は、正観さんにもう一つ教わった話、先に紹介しました「宇宙は中立である」論も好きなんです。「幸も不幸もなく、そう思う心があるだけ」。人間が後から、勝手にあれはいい、これは悪いとレッテルを貼っているだけなんだという考え方です。すべては中立です。

今日「善なるもの」は明日「悪にかわる」かも知れないんです、人間の都合だけでそう決めつけているんです。宇宙には、はじめから幸せも不幸もない、あなたがそう思っているだけなんですよ～と説いたのです。

素晴らしい！　本当っすごい。その通りだと思います。ん……。

幸と不幸？

良い言葉と悪い言葉？

ネガティブとポジティブ？

これも我々がそう決めて判断しているだけなんじゃないんですかね？　宇宙が「愚痴をいうのは悪いことですよ〜」とか「ありがとうはいい言葉だよ〜」とは言っていないんですよね。ただ、「投げかけたものが返ってくる」ということなんですよね。水の波紋と同じなんですから。でも、良いとか悪いとかは宇宙は言っていない……この微妙とも思える部分が、私は結構大切なところではないかと思うんです。

だから、ストレスだって中立なのが納得出来ます。ストレスもいいと思えば味方に出来るんですから。

え〜と……だから、どういうことですか？　これは？　……別に愚痴をこぼしてもいいんじゃないんですか？　泣き言を言ったってかまわないんじゃないですか？　宇宙からは怒られませんよ！　その代わり、言った人にすべてが返ってくるんですよね、投げかけちゃったら！　そこは、覚悟しとかないといけませんね。

でもね、私は強くないんです。ふつうに弱いんです。不満や泣き言も誰かに聞いて欲しい。

愚痴や悪口も気が付いたら言っちゃっているんです。どうしましょうか、これ？　ぜんぜんダメですよね、これじゃ。ん……。

つまり、愚痴を言って終わりにしたくないんです。愚痴を言って、愚痴を無くしていきたいんです。そう！　そのためには「感謝」を感じることだと思うんです。

つい愚痴を言ってしまう。つい悪口を言ってしまう。でも、そうしたら「感謝」を見つけて、それを感じていく。最初のうちは愚痴や悪口が多くても、少しずつ「感謝」を増やしていき、愚痴や悪口を感謝に置き換えて、いつかは「感謝」で心がいっぱいになれば自然と愚痴もなくなるんじゃないでしょうか。

そこでもう一度おさらいをしたいのですが、この「笑いの遺伝子」です。宇宙は笑いがいいとか悪いとか、言っていない。（何度も言ってごめんなさい。）でもそうですよね。

ですが、笑いは人の遺伝子に組み込まれているんです。愚痴は、我々の遺伝子には組み込まれていないんじゃないんですか？　ここです。大事なところは！（おお、いい感じになってきた！）

宇宙は、星々がくるくる回りながらつりあいを、バランスをとっているんですよね。広い広〜い大宇宙は、それぞれが「調和」を保って宇宙が成り立っている。もちろん私が偉そうに宇宙のことなんかをベラベラとしゃべったって、詳しく知っているわけじゃないですから、ハッキリしたことは何も分かりませんが、まぁ想像するに、そうですよね。宇宙は「調和」を大事にしていると思うんです。

「人体の小宇宙」という言葉を聞いたことがありますか？ 我々の身体の中は、まるで宇宙のようだというんです。村上先生の話を思い出します。細胞がそれぞれ助け合って臓器が出来上がっている。その細胞みんなの助けによって身体は「調和」を保っている。なんか、やはり宇宙と似ているんですよね。それぞれの惑星が支え合って銀河系が出来ているかのごとく、身体のそれぞれの臓器が支え合って小宇宙を作っている。その小宇宙である「身体」＝「車」に我々「霊体」＝「魂」が乗りこむわけですよね。その車と一心同体になってこの世を生きていくんですよね。っていうか、生きているんですよね。

我々も小宇宙に干渉しているんですから、「調和」がとれるように参加したいもんですよね。間違ってもその小宇宙のバランスを壊すなんてことはしたくないですよね。やはり、たくさん笑って笑顔で一言こういいたい「ありがとう〜！」と。この言葉は人体の小宇宙にとって「調和」を保つ魔法の言葉かも知れません。

4　水は答えを知っている

皆さんは、水の結晶写真というものをご覧になったことがありますか？

江本勝さん（えもとまさる　1943年7月22日〜2014年10月17日。横浜市出身。『水からの伝言』発行・波動教育社／発売・IHM他、著書多数）は、水の結晶写真を撮り続けた方で、これが世界中に広まり、45以上の言語に翻訳され発行国は80カ国で300万部を超える国際的ベストセラーとなっているんです。

江本さんの面白い実験のひとつにこんなのがあります。不純物がもっとも少ない精製水を「基本の水」としてベースに使います。ガラスビン2本にその水を入れて、ひとつには、ワープロ打ちで「ありがとう」と書いた紙を外側から貼って水にその文字を見せるようにします。もうひとつには「ばかやろう」と書いて同じように貼ります。それを一晩置いときます。

翌日100個のシャーレにスポイトで一滴ずつたらして凍らせます。凍った水のシャーレを顕微鏡で覗きます。するとどうでしょう。「ありがとう」のほうの水は、元の水に溶けるまでの間に綺麗な六角形の結晶を作って水に溶けていきます。そして「ばかやろう」と書いたほうは、なんと結晶が一度も形作られることなく、グチャーッとしたまま水に戻りました。

これ、水はどうやら「情報を認識しているらしい」ということなんです。言葉によって、作られる結晶が変わるんです。「ありがとう」「愛してる」「感謝」など我々が認識している、いい感じの言葉だと、それぞれ、いい感じに結晶が出来上がるんです。「ばかやろう」「殺す」「ムカツく」のような我々が悪いと認識している言葉は、結晶も半分欠けて出来たり、結晶そのものが出来なかったり、それぞれに違いが出るんです。

1つの言葉につき、100個のシャーレの結晶の形はすべて違うものになるんですが、類似性は必ずあるそうで、まるで水が頑張っていい結晶を作ろうとしているようだと江本さんは観測していて思ったそうなんです。

ですから写真集にはその中の一番綺麗に出来た「水の顔」である結晶を掲載しているんだそうです。言葉だけではなく、音楽もたくさん聴かせています。それぞれ曲によって出来上がる結晶はかわります。中でも特徴的だったのがショパンの「別れの曲」を水に聴かせると、なんと結晶も別れて出来上がりました。

そして、一席だけ落語も聴かせているんですね。それが三代目三遊亭金馬師匠（1894年10月25日〜1964年11月8日）の『藪入《やぶい》り』という人情噺です（『水からの伝言 vol・

2』発行・波動教育社／発売・IHMに掲載されています）。これは親子の噺で、奉公へ出した倅《せがれ》が3年間辛抱をして、はじめての藪入りで1日だけ実家に帰ることが許される。10歳の子供と両親が涙ながらの再会を果たす感動的で笑いも多い名作古典落語です。

これは三代目の金馬師匠の十八番《おはこ》でした。これを一席聴かせた水の結晶が綺麗に出来上がっております。しかも特徴的なのが、六角形の結晶の中に、もうひとつ小さな六角形の結晶が重なって出来たものがあったんです。何だか結晶の親子のようです。まるで水が落語をちゃんと理解して結晶で『藪入り』を表現しているかのようでした。

是非、江本勝さんのご著書をご覧いただきたいです。まだまだたくさんの言葉やいろいろなものを水に見せてその「水の顔」を集計しておられます。それで江本さんが分かったことは、水は、どうやら意識だけでなく意志もあり、言葉や情報を理解しているようで、他の水同士も情報を共有しているようだというんです。中にはこんな実験もしております。

いつものように精製水を2本のガラスビンにいれて、何の言葉も見せずに実験室に置いてスタッフは家に帰ります。そして、それぞれの数人のスタッフの家から、実験室にある1つのガラスビンを想像して、「ありがとう」という念を送るのです。そして翌日、いつもと同じようにシャーレに凍らせて顕微鏡でみてみると、ちゃんと念を送られたほうの水には「ありがとう」の結晶が出来上がったというんです。もう片っぽうの念を飛ばしていないほうの水には、「ありがとう」の結晶は出来ておりませんでした。

これはすごい実験ですよね。人間の飛ばした念（想い）が、ちゃんと水に届いていたということなんです。村上先生が次は魂と祈りを研究したいとおっしゃっておりましたが、祈りの研究はとても面白いかも知れませんね。

ですからここで私がお伝えしたいことは、小宇宙である人間の身体のおおよそ70％は水で出来ているんですよね。精子と卵子が結合してひとつの命がお腹に宿った瞬間は95％がまだ水なんだそうです。「我々は水から生まれたといってもいいようだ」と江本さんはおっしゃっております。

そしてこの水は我々の言葉や想いをいつも聴いてくれているんです。綺麗な結晶が出来上がる言葉を言ったり、想っていたほうが、身体に良さそうだと思うんですがいかがでしょうか？　川の水はサラサラと流れているときれいですよね。溜まってしまうと、濁ったりしてドロドロになって澱んでいきますよね。

人の想いも同じだと思うんです。心に愚痴や負の想いを溜めこんでおくと、その心が濁っていくんじゃないかと思うんです。ありがとうと思えるように、少しくらいは「辛かったら、辛いという」「愚痴を言いたい時は、言ってしまったほうがいい」と思うのはそのためなんです。それらを溜めてしまうと、心にも身体の水たちにも良くないと思うからです。

5　愚痴を減らす「感謝」の習慣

笑うことが、場の空気を和ませ、身体にもいいということは、もう、これでもかというくらいに分かりましたね（笑）。そして、身体＝水であるならば、想いも溜めこむとあんまり身体には良くなさそうですね。血液だって水ですから想いが重いと！ドロドロになってきそうですし。

だからどんどん笑いましょう！　といってもね。そうやって理屈で固めて「ああ、じゃそうしよう！」と簡単に実践出来るようなら、誰も苦労はしないんですよね。理屈では分かっていても理屈じゃ続かないのが人間ですからね。

私が以前に、とても悩んでいたことがあります。それは、心で愚痴や文句なんかを思っていても、「口に出さなければいい、言ってしまうからいけないんだ」と大人の判断をして、生きてきたことなんです。

もちろん面と向かって思ったことを言ってしまうのは、もっと良くありませんよね。そんなことをしたら今ごろ私は、社会人として生きていられません（まぁ本音と建て前を持つことは人としてふつうのことだと思いますが）。

ですが、「心で想っても口に出さなければいい」という解決策では、いずれその「想ったこと」が溜まってどこかに出てきてしまうと思うんですよね。出てきてしまうったって、それをトイレに流せればスッキリ！　とかそういう代物じゃないですよね。

でも中にはうまく発散している人はいらっしゃいますよね。とくに女性はうまいですねぇ。日常で溜まった心のアカをしゃべりまくってスッキリさせる作戦です。喫茶店などでよく見かける光景です。そうやってうまく発散出来る人は問題ないんですが、それが出来ない人だって世の中にはいらっしゃると思うんですよね。

そんな人の「想ったこと」のしわ寄せを、心と身体の水が一番近くで聴いてダメージを受けていると思うんです。「ふざけんなアイツ、絶対にゆるさねぇ」なんて心で想っていても、口では「ありがとうございます」なんて言って、あっ……これ、たとえ話ですよ、皆さん！（笑）

その場合、やはり心と身体には腹で想った「ふざけんな……」のほうが影響すると思うんです。きっと、そっちが本音だからでしょうね。ですから、そう思うことをやめましょう！

と言いたいんですが、そんなきれいごとでは、三日坊主で続かないと思うんです。

今までの自分もそうでした。またグチグチと文句をたれるんです。じゃどうしましょうか？　どうすればいいいっすかね？　ん……もう、この話題はたいへんそうだから、やめましょうか？　って、いやいや、ここでくじけちゃ話が先に進みません。これは自分の身体を守り、福をゲットするために必要な日常の心の持ち方の話です。

つまり、本音と建て前を持つことは、人としてふつうのことかも知れませんが、その本音と建て前が、もう少し距離が近づいて「本建て音前？」みたいな……ぜんぜん違うな。「想い」にギャップの少ない状態を作れないものかなぁと思ったんです。心と口に出す言葉にズレがなくなっていく感じです。

そんなことが出来るものかと、思っていたんですが、まぁ完全にはですね、もちろん無理なんですが。でも実践してみて、「愚痴」や「文句」を薄めることは出来るんじゃないか（出ました、薄める大作戦！）。

その薄めるキーワードが「感謝」だと思うんです。

はじめは、1日1回とか「今日も健康でいられて有り難いです」と思うわけです。

それをスタートに、遊びのような感覚で気が付いた時に「感謝」を口にしていると、だんだんと以前よりも「文句」より「感謝」のほうが少しずつですが、増えていくように感じます。そして、心でもちゃんと思えるようになると、かなり習慣になってきたなぁという感じがするんです。そうなると、もう大変！

日々、いろんなことに感謝をしまくりたくなってきちゃったんですね。こんな自分がですよ。20代のころに文句ばっかり言っていた、苦労を知らないお坊っちゃんの私がです。

たとえば、朝起きて晴れていれば「お天気で有り難いな」と思い、雨が降っていれば「保湿されるし、喉にもいいし有り難いな」と思う。リビングのダイニングテーブルをみて「あぁ、このテーブルやっぱり買って良かったな！」と購入して7年が経った今もそう思い、朝ごはんは、頂きもののお米を炊いて、頂きもののアジを焼いて、頂きもののシラスを小皿に入れて、頂きものの納豆をかき混ぜて（いや、これ毎回ではありませんが、たまに気が付いたら頂き物フェアみたいになってることがあるんです）。

もう朝から感謝のご飯を有り難く頂戴して。洗面所で歯を磨いていても「虫歯がないのは有り難いな」と思い、落語家は1回1回の仕事が次いつあるか分からない仕事をさせていただいているんですね。必ず次回も呼んでもらえる仕事というのは少ないんです。

ですから今日仕事があれば、やはり有り難いなぁと心から思います。私の日常が今こんなふうになっているんです。「文句」をよくいっていたころとは、なんだか違う世界に生きているようです。それでも今だって「文句」をいっている時もあるんです。言ってしまうと自分に腹が立って落ち込みます。

それはもう反省しきりですが、たくさん愚痴や文句をいっていたあのころとはだいぶ変わってきたと思うんです。あのころは、自分も悪かったけれど「習慣」も悪かったんじゃないかと思っております。日ごろの「習慣」とは恐ろしいものです。あまりものを考えなくても気が付いたら動いてしまうのが「習慣」ってヤツですからね。

そしてこんなことを日々感じ続けていて今思うことがあります。「人生は感謝を見付ける旅」なんじゃないかなぁと。それでも、感謝って気が付かないところにひそんでいると思うんです（この話は、どこかの章でもふれましたね）。

たとえば、私のファンになってくださった方や知り合いの方が私の健康を祈ってくださっているかも知れない。その想いの支えがあって今の私の健康があるのかも知れません。

ご先祖様や亡くなった落語界の先輩方の想いも、今の自分を陰から支えてくれているかも知れない。分からないですよ。そうじゃないかも知れないけど、でも、もしそうであったなら、祈りを受け取っているかも知れないんです。

自分が、気が付いていないだけかも知れないと思うんです。その気が付いていないところにも感謝が出来たらいいなぁって想像するんです。謙虚でいることはとても難しいです。ですが、目には見えないものを想像していくと、少し謙虚になれる気がして、心がおだやかになるのを感じるんです。

6　感謝を感じながら夢を持ってもいいですか

実は「来たる」は、今回の本を書く前には読み解こうとする解釈が違いました。「福」は、どこかからやって来るのではなくて、もうすでに「来ていた」というふうに読み解いていたんです。もう我々はゴールしていたと考えていたんです。

だから「夢」とか「満たされる心」を追いかけてスタートするのをやめて「今ここにある自分の幸せに、ただ気付けばいい。福はここにあるのだから」とそんな〝オチ（結論）〟を考えていました。チルチルミチルの青い鳥理論!?　みたいなものを展開したいと思っていたんです。

あっ、もしかして、ここで「そうだその通りだ！」と納得して下さる方もいらっしゃいますか？

それも、ひとつの答えだと思います。いや〜、でもですね、たしかに理想はそうだと思うんです。そう思いたいんですが、正直言いますと、今の私には実践するのがとても難しい。スタートせず、ここがすでにゴールでした理論！　これは、なかなか魅力的に感じているんですが、私にはやっぱり、それだと自分が楽しくないことに気がついちゃったんですね。ワクワクしないんです。私は聖人のようには、まだなれていないんだと感じちゃいました。私の充実した今を送るために、「夢」を追いかけることをやっぱりＯＫにしたい。

実は今の自分が夢を追いかけていてとても楽しいからです。夢を達成した時を想像してワクワクし、それをエネルギーにかえて、今を過ごしているからなんです。

誤解のないようにお伝えしたいんですが、もちろんそれだけがエネルギーではありませんよ。日々、自分の意識は落語に向いております。それはやはり落語家として落語がもっと上手くなること、もっと面白くなることは、ずっと考え続けていることです。それがずっと心に思っている目標です。ですがここで告白するのは、目標ではなく夢です。

4年前に持ったばかりの夢なんです。その私の夢とは何かといいますと。ちょっと具体的で恐れ入りますが、ある住宅メーカーの家を建てることなんです。それが私の夢です。数年前、そのメーカーさんからお仕事を頂戴しました。そのメーカーさんの家を建てた方のお宅へ文化人がお邪魔してインタビューをする。ウェブと冊子で展開している企画なんです。

私は岡山県倉敷市に暮らす30代のご夫婦のお宅へ伺いまして、そのお宅を見てすっかりハマってしまいました。実は私はそれまで家なんていらない。生涯マンションで暮らして生きていくと身近な人にも語っていたほどで、ずっと賃貸マンションに暮らしております。

あれから月日が経っても、その憧れの気持ちは未だに一つも色あせません。白くてシンプルな外壁、家の中の壁も真っ白で、床はフローリング。夏涼しく冬は暖かい外・内ダブル断熱にトリプルガラスの窓。吹き抜けで光の多い開放感のある空間。SE工法という丈夫な骨組み。そんな家がリーズナブルな値段で建てられるんです。インテリアが好きな自分にとっての最高な夢が出来たんです。

ですが、ここで皆さんに聞きたい！　夢=福なのでしょうか？

ここが自分で今、自問自答しているところなんです。この本を書かせていただいて、自分の心をしっかりとみて、嘘偽りなく答えを出してみたい。そんな「正直」を全面に出したチャレンジをさせていただくために、私自身が客観視しやすいように具体的な夢のお話をさせていただきましたが、夢＝福ならば、私は今を見ずに、日々の感謝もせずに過ごしていることにはならないか？　福はその1つの夢だけなのか？

もちろん福を1つと決めてかかる必要はないのかも知れません。幾つも夢＝福を持てばいい。でも、本当にそうでしょうか？　本当にそれでいいんでしょうか？　それはただ「欲が深い」だけではないか？

でも、自分の心をみてみれば、幾つかある夢の内には優先順位が付けられるはずだ。もし仮に夢が10コあったとして、もちろんこれは仮にですよ、家を持つことが1番の夢ならば、2番から10番までの9つの夢が叶ったとして、この1番の夢が叶わなかったら、自分は今世がいい人生だったと胸を張っていえるのだろうか？　心残りになるのではないか？　9つもの夢が叶ったんだから、なに愚痴なんかこぼしているんだ贅沢な！　と、皆さんに怒られそうですが。

結局、1番の夢が叶わなかったら自分は不幸だなんて、ひょっとして、少しでも、ちらりとでも思ったりするんじゃないのか？　自分はなんて愚かなんだ。信じられない！　俺っ！と自分を責めているんです。

今、住んでいる家（マンション）への感謝もしないで、まだ建ててもいない家を夢見ている自分は、なんて感謝のない人間なんだろうという思いもあって落胆しガッカリしているんです。

今の自分の心境は、終わりの無い日めくりカレンダーのような感じです。カレンダーの紙を「欲望」だとします。見えている部分は表の一枚の紙だけですが。めくる（達成する）と新しい夢＝欲望がデカデカと顔を出します。

そして永遠に破いても破いても、同じ量の欲望＝夢が目の前に現れます。つまり、小さい欲望だろうが、大きい欲望だろうが、それを手放さなければ同じなんだと思うんですね。マンションの10階に今暮らしております。とても眺めのいい部屋で、晴れると大好きな富士山も見える、とても理想的な景色が一望出来るんです。もう、それでいいじゃない。ここでいいじゃないか……。

では、ここでまた想像してみます。もしも、数年後にお陰様で家を建てさせていただいたとしましょう。1番の夢でしたから、とても嬉しい！　人生で1番嬉しいと感じるでしょう。それで自分は、もう何も望まないのでしょうか？　その家だけを見て暮らし、ずっと死ぬまで満足して充足感にひたりながら生きていけるのでしょうか？

欲望の日めくりカレンダー男⁉　になってしまっているんじゃないのか？　私には、そこが分からないんです。何を深刻になっているんだ！ それはその時に考えればいいじゃないか！ 陰気にならず、ほら、もっと真剣に陽気に！ 感謝をもって！ と、もうひとりの自分の声も聞こえてきます。ん……よし、では、ここでも解決策に「感謝」を持ちこんでみたいと思います。

今暮らしているマンションにもちゃんと日々感謝をして、夢である次の家のこともちゃんと想像をしてワクワクしながら生きていく「共存」タイプはないものか？ つまり100％まだ建てていない家を思うのではなく、100％今いるマンションだけを見ているのでもなく、パーセンテージを調節すればいい（ほんとかな）。ほんとうです！

理想は今、暮らしているマンションに70％の感謝をして、これから建てられるかも知れない家に30％思いを馳せる。

感謝70％
頑張る30％

これだとなかなかいい感じに心のバランスがとれてきました。生活の中70％も感謝を思えると、30％は、頑張って、欲を出して生きていってもいいじゃん！　という開放感にも似た開き直りが感じられます。「頑張る」も「感謝」同様に受け入れてゆく。

そしてどれだけ「今」を喜んで生きているのか、ここも大事なポイントかも知れないと気が付きました。

「感謝」は今を受け入れているということなので、受け入れると、より「笑って」いられるんだと思うからです。その「喜ぶ」という感情を連鎖させれば、この先どこでも喜んで生きていけると思うんです。愚痴をたくさんいっていると、たとえ家を建てたとしても、そこでまた新たな愚痴をたくさんいっているんじゃないかと思うんです。

我々は喜びや愚痴のレッテルをいろんなところに貼っているんです。特にこの愚痴のレッテルはとても貼りやすいんですね、苦労なく貼れます。ところが喜びのレッテルには自身の工夫が必要になってくると思います。それを続けられれば「喜びの習慣」「喜びの連鎖」がおきてくると思いますがどうでしょうか？

ですが、頑張ってもいい。夢を持ってもいい。そのかわり心を未来に奪われないことも大切だと思います。だから30％くらい未来に想いを馳せれば充分だと思うんです。笑っている時は「今」です。感謝している時も「今」です。やはり、問題はいつも「今」にあると思います。そして解決策は「今」にある。それは、前の章にも書かせていただきましたが、体験出来るのが私たちには「今」しかないと思うからです。

「ストレスは悪くない」とおっしゃっているケリー・マクゴニガルさんの本にこんなことも書かれておりました。アメリカの統計学に「人生は歳をとってからのほうが、幸福度が増している」という統計があるんだそうです。

どうですか皆さん。やはり「感謝」をたくさん感じられるようになると幸せをたくさん感じられるんじゃないでしょうか。ですから不安になったら「感謝」を感じればいいんですね。ないものを見ていると我々は不安になるんですが、有るものを見ていると安心するからです。

7　みんなで居やすい空気感を作る

私は、機嫌のいい時に機嫌よくしているだけの男なんです!?　やはり機嫌の悪い時は、ふつうに弱音を吐いたり、愚痴をいったり、不安を口にしています。

ですが、お伝えさせていただいたように「感謝」を以前よりも多く思うことによって、機嫌の悪い時もだいぶ少なくなってきていると思うんですが、今、ここで何を話題にしたいのかというと、「機嫌のいい時に、どう機嫌よく過ごせるのか？」という話なんです。なんだいそりゃ！　と、思うかも知れませんが機嫌がいい時にしか出来ないなぁ、という過ごし方があるんですね。

それが「我を少なくして、流れに身をまかせてみる」という心の持ち方です。自分のこだわりやプライドを感じていないかのごとく、その場の流れに身をまかせてみる。これをすると、シンクロニシティも気が付いたらおきていることがありますね。そしてこの状態でいると、自分もニコニコしているので、事がスムーズに運びます。そして、気が付けば周りの人たちもニコニコしていることが多いんですね。

とくに、私の場合、その場で立場が一番上になったりすることもあるんです。私の気分がこの場の全体の空気感を決定してるようなことがあるんですね。

私がピリピリしていたりすると、全体の空気もピリピリしてしまうんですね。私がゆるゆるしていると、弟子や周りのスタッフさんも笑ったりなんかして場の空気がゆるゆるしてくるのを感じます。まるで合わせ鏡のようです。ですから高座を務める時も同じですね。自分がワクワクしながら楽しく落語をはなしていると、お客様には落語と共にワクワクした空気感も伝わるんだと思うんです。

反対に「今日のお客さんは硬いなぁ」なんて思いながらしゃべっているとお客さんのほうでも、「今日の花緑さん緊張してるのか硬いね」なんて言われたりして、原因が自分にある場合も多々あるんですね。

私は告白させていただいたようにＡＤＨＤの症状もあって空気が読めないところもありますが、ただ単に性格なのか、自分の未熟さから今までたくさんの方々にご迷惑をおかけして参りました。

思い出すのが以前フジテレビの朝の情報番組『とくダネ！』の毎週火曜日のレギュラーで「温故知人」というコーナーを私がやらせていただいていた時のこと。

内容は、亡くなった有名人や文化人の人生です。渥美清さん、美空ひばりさん、それにジェームス・ブラウンさんなどもやらせていただきましたね。そして師匠の五代目柳家小さんも取り上げさせていただきました。１０７人もの人生を紐解いて参りました。ＶＴＲで、その方の秘話や、その方の人生でもっとも素敵なエピソードをご紹介するんですが、このコーナーを私がやらせていただく見せ場として、毎回3分間、生放送のスタジオで私が落語でそのエピソードを語らせていただくというものでした。

「ＶＴＲ」→「落語」→「ＶＴＲ」の順でリレー落語のように本番一発勝負で語るのです。

このコーナーは、3ヵ月も続けば上出来というスタッフの予想を遥かに上回り、お陰様で2年半も続くことになったのです。

毎週火曜日は朝4時半に起床して5時半までの1時間は必ず家で3分の落語を繰り返し稽古をしてのぞみました。

迎えの車で6時までにお台場のフジテレビに入ります。スタッフさんとの打ち合わせ、生放送直前のカメラリハーサルもおこなって、8時から番組がスタートします。メインキャスター小倉智昭さんの、お馴染みな親しみやすい調子でニュースや旬の話題が次々に紹介されてゆきます。そして「温故知人」は約15分のコーナーです。

もし私のしゃべりで1分間伸ばしてしまうと、その後の天達《あまたつ》さんのお天気コーナーが1分間削られると聞いて、ほんとうに練習した通り3分間できちっと噺を終えられるようにドキドキしながら毎週務めておりました。

そしていよいよ来週が最終回。その日の本番も無事に終えて最終回をどんなふうに締めくくろうかとスタッフさんのプランを聞きながらスタジオから楽屋へ帰るフジテレビの廊下で、まさかの私は声を荒らげてスタッフさんに食ってかかっていたのです。

あまりにも大きな声で私が怒鳴るように意見をいっていたので、廊下を通った人たちがどれほど驚いた顔ですれ違ったか分かりません。実は最終回の終わり方について、スタッフさんと意見が食い違ってしまったのです。私も来週で最後だと思うので、自分の思う通りにやらせて欲しいというわがままがその時に出たんだと思います。

結局スタッフさんが折れてくださって私の意見を聞き入れてくれた最終回を迎えて、放送は無事に済んだのですが、とても後味の悪い感じになってしまいました。

2年半のゴールなんです。私にとってもスタッフさんにとってもとても大事な締めくくりの日なんです。

声を荒らげて意見をしている自分がもし、反対の言われるほうの立場だったらと思うとたまらない気持ちになります。今も思い出す度にその時のスタッフさんに申し訳ない気持ちになり反省している出来事です。

ですから何を言うか、何をやるかよりも、先ずどんな空気感を作るのかがとても大事なんだと思うんです。でも、これがなかなか難しい。こだわりやプライドが顔を出します。機嫌がいい時に、ちょっとそれらを脇に置いて、周りの人の気持ちに寄り添ってみる。イライラが始まっちゃったら、そこから空気感や人の気持ちを察することは、なかなか大変なことです。

自分が場の空気を左右するような立場になった時、機嫌よく過ごすことが出来たら、それだけで周りの役にたてているのかも知れないと思うんです。

でも、私にも目標があります。それは「機嫌の悪い時に、機嫌よく過ごせるのか」という課題です。人格者っぽい心の持ちようです。これも空気感を損なわないために、大人な判断として、社会人の皆さんもおこなっているんじゃありませんか。偉いなぁ〜。

とても難しいことですよね。ですから「感謝」をたくさん感じていれば、イライラすること自体を少なくしていくことが出来るんじゃないかと思うんです。いつでも、笑うことの出来る空気感を大事にしていきたいと思います。

8　結局、笑う門には福来たるのか？

さぁ、皆さん！　どうでしょうか。「笑う門には福来たる」。話があっチャこっチャにいっているように感じたかも知れませんが、束ねてみるとそれぞれの話には共通点があることにお気付きになられましたでしょうか？

「思い方」や「ものの見方」の話を多くさせていただきました。

人生におきる様々な出来事は、自分の思い方しだいで、どうにか出来るんじゃないかと、私は思えてきたんですが、皆さんはどんな感想をお持ちになられましたか。まぁそうはいってもいろいろとある問題はそう簡単には解決してくれないかも知れません。

でも最後には「受け入れる」ことで、問題そのものもなくなってしまうのではないかと思うんです。もちろんそれが出来ないから「悩んで」「迷って」「苦しんで」私たちは生きているんですが、それらを想定内にとらえられれば、困難をわざわざ体験しに〝ここへ〟やってきたんだと思うので、笑いながら毎日を過ごすことが出来る。

そうやって笑っているうちに、人間関係や自分の身体のバランスがとれてくる。しかも「自然に」です。それを皆さんと一緒に考えてみたくって、このような本を書かせていただきました。

今私は常々思います。宇宙の取扱説明書があったら欲しいなぁと。ほんとは人間ってなんなのか？　ほんとは人生ってなんなのか？　という真実が知りたい。あっ、生前、立川談志師匠がおっしゃっておりました。「真実なんてない、あるのは事実だけだ」。うん……確かに！自分がここにいる〝事実の答え〟を知りたいですねぇ。

分からないことを分からないままにして、自分はこの人生を終えていくんだなぁと。「いやいや、それは違うよ花緑さん。答えを出している立派な方はたくさんいるんだよ、君が勉強不足なだけだ」と、ここでお叱りを受けるかも知れませんが、その立派な方々のおっしゃることが正解か不正解かを誰がどうやってジャッジするんでしょうか？

　結局それも自分がその人の答えを「信じるか信じないか」だけなんじゃないんでしょうか？「だってみんなが言っているから」。「あの本は素晴らしいから」。「テレビで言ってたから」……。結局それも「何を信じるか」、「どう思うのか」。「思い方」しだいですよね。ですから答えはいつもそこに落ちつくんです。

「人生は自分がどう思うのか」

だから、いっそ答えなんて、分からなくてもいいのかも知れません。

分からなくてもいいから、笑って過ごしていれば、福がやってくるらしい。これを私は信じてみようと思います。その福が「充足感」を運んでくれるんじゃないでしょうか。「満たされる心」はそうして手に入ると思うんです。笑っていると人が集まってきます。その集まってきた人たちと楽しく過ごしていると、時には、その人たちのために「福」の手助けをすることもあるかも知れない。

そして、それをしたことで、次に自分の「福」をゲットするためにその人たちが手伝ってくれるかも知れない。「投げかけたものが返ってくる」持ちつ持たれつです。そして「出会いも福」という村上先生のお話もありました。

それと「利他的な精神」という思いやりや助け合いのお話には、巡り巡って、自分が得をえる話なんだと思うんです。

よく「人の為に私は頑張りたい」と言っている人を見ると、偽善者に見える人もいらっしゃるかも知れません。私もそれはある意味、正解のように思えるんですね。なぜって、「人の為」と書いて「偽り」という字になるんですね。だから「人の為」は、本当は「自分の為」なんだ。そう開き直ってしまえばいいと思うんです。でなければ「人の為」だと考えず「お互いによくなる為」と考えるのがベストな感じがするんですがいかがでしょうか。

「出会いも福」という言葉は「みんなといることが福」というふうにとらえることも出来ると思うんです。

笑う門には福来たるの「門には」の部分です。複数形です。1人より2人、2人より大勢です。良き仲間、良き友を持つことも人生の最大の福だと思います。この本をお読みいただいて、これがご縁でどこかであなたと人生を語らう機会が出来れば、それはとても嬉しいことです。

不安の多い時代に見える、この時代。真っ直ぐ前を見たり、時にはイジイジして横道にそれたりしながら、それらを笑い飛ばして生きてゆく。そうやってたくさん笑って、たくさん充足感を味わっていれば、いろいろあっても大丈夫なんじゃないかなぁと思うんです。「笑う門には福来たる」は人生の満足感や充足感をサポートしてくれる魔法のようなことわざです。深刻にならずに真剣に、ストレスも友達になってしまえばいい。敵ではなく仲間です。戦う敵なんて結局どこにもいないんです。

それぞれ相手の立場に立ってみれば、憎らしい相手が愛おしい自分に見えてくる。そう信じてしまえばいい。「思い方」しだいで楽な生き方が出来ると思うんです。

楽は「楽しい」ということですもんね。「楽しい」から笑いたくなって、また笑う。笑いの連鎖が今を充実させ、未来につなげてくれます。

「笑い」が扉の鍵だと思います。それは「心の扉」であり「健康の扉」であり「福の扉」ではないでしょうか。無理はしないほうがいいけれど、先ずは笑ってみると、空気がかわりますよ！

「笑う門には福来たる」を実践していくと、その道中もきっと福だらけなんだと、私は気が付きたい。そして何かを達成する前も福だらけだったなぁと思ってみたい。もうただ笑っているだけで、すでにゴールにいたと思ってみたい。

ここに生まれてきてよかった。落語家になってよかった。たくさんの方に出会えてよかった。笑って生きてこられてほんとうによかった。よーし、最後はそういってこの世を卒業しよう！

でも、まだまだやりたいことがたくさんあるんです。そのうちのひとつはとても大事なことです。それは、この本をお読みいただいたあなたに、私の落語を聴いてもらうことです。

ですから、次回は寄席でお会いしましょう！

第四章●「来たる」のまとめ

❶世界は陰と陽でバランスが取れている。深刻は陰気で真剣は陽気。深刻な事態には真剣に（陽気に）対処すれば物事はうまくいくのではないか。

❷この宇宙には、ポジティヴもネガティヴもない、そう思う心があるだけ。でも、水の波紋のように投げかけたものは返ってくる。だから、何を投げかけるのかが大事。

❸水を凍らせると結晶が出来る。言葉を見せると「ありがとう」は綺麗な六角形。「ばかやろう」はグチャーッとしてうまく結晶が出来ない。水は言葉を認識しているようです。ですから負の思いを心にためこむと身体の水にも悪影響しそうです。だから身体にもありがとうを！

❹感謝を感じている時、愚痴や文句はいいにくくなる。そして感謝をたくさん感じていくと、思うことと口に出す言葉のズレが少なくなっていく。それにより心と身体の負担が減っていきます。

❺夢を追いかけながらも、日々の感謝をしっかりと感じて生きていく。空気感を大事にして、喜びの連鎖が明日の自分（今の自分）を作るのだから、どんどんおきる困難も想定内にとらえてみる。何がおきても大丈夫。人生は自分がどう思うのかが大事。

末広亭
末
寄席でお会いしましょう！

あとがき

私の日常は、お陰様で感謝を多く感じながら過ごす時間が増えております。それは、この本を書かせていただいたからかも知れません。書きながら発見があり、実践していることを文字にして、たくさん書いたものを違うと感じて大幅に書き直したりしながら、やっとここまでたどり着きました。実に構想から4年もの歳月が流れてしまいました。編集者さんにはたくさんご迷惑をお掛け致しました。感謝を申し上げます。自分自身とも今まで以上に向き合い、正直に想いを文字に致しました。そして、「笑い」と「感謝」が何より大切であると今まで感じていたもので論を展開してみたいと思いましたが、精神世界のことや心の問題は、実践を通してでしか、何一つ説明が付かないんだということも分かりました。自分が納得できるものだけで、ことわざの読み解きに迫ってみたいと思い、日々そんなことを考えながら、目の前にある落語会に感謝して努めて参りました。日常生活でも感謝がいろんなところで感じられてきて、なんだかその祈りのような時間が「充足感」を感じさせてくれているんだと思いました。でもそうはいっても、もちろん24時間ずーっと有り難がってもいられません。イライラッとくることも正直あるんです。まるで、「どうだ！　これでもまだ感謝を感じようとするのか?」と何者かに挑戦状を叩きつけられているかのようなことがおきますね。それをイライラッとしてしまったり、やった!　今回は全然なんとも思わずニコニコしながら平常心でこの難関を乗り越えられたなぁという経験もあるんです。そんな時、人間って生きているだけでも結構なチャレンジなんじゃないかと思いました。

いずれにしても今の私は、自分のやりたいことをやらせていただいているので、何ものにも代えがたい、この充実した毎日に感謝をしております。落語を全国いろんなところでおしゃべりさせていただいて、お客様の喜ぶ顔をみるのが〝とてつもなく〟嬉しいのです。

一つひとつの仕事は、一つひとつの奇跡の積み重ねだと感じるんです。

それは、想定外の災害がたくさんおきている現実をみると、痛烈に感じます。東北にも、熊本にもよくお仕事でお邪魔させていただいているので、自分のことのように心が痛みました。当たり前のことは決して当たり前なんかじゃなく〝感謝〟すべき得難いことなんだなぁと思いました。というわけで、この「あとがき」では私の感謝の気持ちを、ここからお伝えさせていただきたいと思います。

お陰様で祖父から受け継がせていただいているお仕事が幾つかございます。静岡県にある真言宗智山派の平澤寺《へいたくじ》での落語会。ここは先代のご住職と祖父の五代目柳家小さんが剣道仲間であり、それがご縁で「星祭・節分会」に毎年お邪魔するようになりました。

祖父の付き人で前座のころから伺っている私は今年(2017年)で29年目のお付き合い。節分の2月3日に豆まきと本堂での落語会。中曽根眞南ご住職のもと、檀家さん、世話人さん方々のご協力を得てお陰様で毎年たくさんの人が訪れて節分をさせていただいております。

一年のはじまりを平澤寺で毎年感じております。私にとっての新年はいつもここで感じるんです。豆まきのあと、本堂にて落語会が始まります。とにかくよく笑ってくださるお客様で、この本でご紹介した実験データの結果からも、皆さんの健康を相当お助けしている自負がありますね!

ここ何年かは毎年必ず私の弟子を2人ずつ連れていき、豆まきと落語会に参加させています。ご住職とご家族さまとは家族ぐるみのお付き合いをさせていただいておりまして、跡継ぎである眞快さんとも今後も長いお付き合いになりそうです。

節分の翌日もご住職のお客様が60人ほどお集まりをいただき、「立春寄席」と題してお座敷での落語会を行っております。毎年必ず同じ日程で伺う仕事は多分ここだけだと思います。毎年伺う度にありがたいと思っております。心からお礼を申し上げます。

そして、新潟県上越市にある直江津には43年間も続いている歴史ある落語会があります。

それが「上越名人会」です。毎年秋に開催され、これも祖父の五代目小さんがはじめたものです。小さん一門が毎年数人ずつ。過去には談志師匠、小三治師匠、馬風師匠、扇橋師匠、叔父の六代目小さんなども訪れており、日舞の藤間喜與廣さん、本名・佐藤敏さん（上越市議会議員の5期目を務められております）が主催者を務める会です。

佐藤さんは実は今を去ること数十年前の若かりしころ、東京の目白にある学習院大学へ通う学生でした。卒業後、祖父の小さんに入門志願をしたのですが、その当時、落語家の人数が増え過ぎてしまい、落語協会では入門者を規制していました。祖父は佐藤さんを弟子に取れませんでしたが、ひとつの約束をします。「君を落語家にはさせられないが、もう私の弟子だ。踊りで身を立てて、いつか落語と踊りの会を新潟の地元でやろうじゃないか！」その約束ではじまったのが上越名人会です。

この〝弟子に取らなかった弟子〟の話はとてもいい話なので、祖父亡きあと、『とくダネ！』の私のコーナー「温故知人」で、この2人の物語を紹介させていただきました。

祖父は亡くなる前年までこの会に出演致しました。今では私がトリを務めさせていただき、毎年数人の落語家と共に落語と、佐藤さん、そして息子さんの藤間寿廣さん、藤間喜與勝師匠、藤間房恵師匠、そして藤間紫寿和師匠の後見のもと、皆さんの素晴らしい演舞が披露されております。

ナレーションは佐藤さんの兄・佐藤せつおさんが情熱的に務めます！　会のスポンサーでもある武蔵野酒造さん、三井企画株式会社さんにも大変お世話になり、この会を支えていただいております。心からお礼申し上げます。

そして師匠から受け継ぐ落語会がもうひとつあります。

それが「落語とそばの会」です。日本橋にある藪伊豆総本店さんにて行われている落語会。先代社長、野川康昌さん（日本麺類業団体連合会の会長も務められた方）からのお付き合いで、現社長・野川喜央さんはその息子さんです。

柳家一門をはじめたくさんの芸人さんが先代社長からお世話になっております。先代亡きあと、今の社長さんの代にかわられて、お客様からまた落語会をやってほしいというリクエストが多くあり、私がその声にお応えする形で花緑の勉強会「落語とそばの会」は始まりました。

毎回、奥様が落語会のチラシをデザインされ、丁寧にお客様の接客をして下さいます。2ヶ月に一度開かれるこの会は2017年には112回を超えて今も隔月でやらせていただいております。私の100回を超える独演会はお陰様でここだけです。

そして何を隠そう！　……まぁ隠していたら伝わらないのでお伝えしますが、私、柳家花緑の初高座がここ薮伊豆さんなんです。私は9歳でした。

先輩方が出演する落語会。その日は師匠小さんに小三治師匠、紙切りの二代目林家正楽師匠も出演するという豪華な顔ぶれです！　その先輩方の間に『からぬけ』という与太郎噺を7分ほどおしゃべりしたのが私の人生初落語だったのです。

そしてオーディオマニアである小三治師匠が私の初高座を録音して下さっておりまして、今でも大事にそのカセットテープを保存してあります。つまりいつでも自分の原点を聴くことが出来るという、有り難いような、そうでもないような微妙な気持ちなんですが、録音を聴くと与太郎の噺を時にたどたどしくも最後までしゃべり切ります。終わって花束を頂戴し高座を降りると客席で「しっかりしてるなぁ」とお客さんの感心する声まで録音されています。

20代のころその日の落語がうまくいかず、くじけることがあると、その初高座の録音を聴いて自分にも成功体験があるじゃないか、スタートは良かったんだからと自分をなぐさめたりしていました。

この『からぬけ』は現・六代目小さんの叔父が稽古を付けてくれました。ですから自分の原点である薮伊豆さんで隔月で落語会を未だにやらせていただくことに強い感謝と深いご縁を感じるんです。

それはもちろん静岡の平澤寺や直江津の上越名人会も同様に感謝しております。師匠とのご縁を受け継げることがどれほど有り難いことか身に沁みております。それは落語だけじゃありません。CMに出演させていただいた永谷園さんにも感謝しております。

そしてもうひとつ須藤石材のCMです。師匠亡きあと、直ぐにイメージキャラクターを私が受け継ぎ、112年という歴史のある須藤石材の顔を現在もやらせていただいております。

まだまだ師匠の芸にも人格にも追い付けませんが、受け継がせていただいているものを全力で感謝をもって務めぬいていきたいと思っております。

落語会への感謝をしゃべり出したら、もう一冊本が出来そうなくらい、たっくさんお世話になってる落語会があるんですが、そこはグッと我慢をして、ここでは落語会の名前だけご紹介をさせて下さい。分かるところは回数（本書発売日・現在）も書きます。

●北海道網走市・花緑網走世話人会『柳家花緑独演会』…17回
●北海道札幌市・北海道新聞社『道新寄席・柳家花緑独演会』…3回
●長崎県長崎市・『長崎もってこ〜い寄席・柳家花緑独演会』…7回
●鹿児島県鹿児島市・鹿児島音協・立川企画『みなみ寄席・柳家花緑独演会』…12回

●熊本県熊本市・熊本労音『柳家花緑独演会』…10回
●熊本県上益城郡山都町・馬見原街づくり協議会
『シャレタ男にシャレタ町・柳家花緑独演会in馬見原』…6回
●広島県広島市・広島音協・立川企画『柳家花緑独演会』…13回
●岡山県岡山市・岡山音協・立川企画『柳家花緑独演会』…13回
●広島県三原市・三原市文化協会・立川企画『柳家花緑独演会』…6回
●広島県三原市さぎしま『柳家花緑独演会』…5回
●福岡県福岡市『美案寄席・柳家花緑独演会』…5回
●福岡県福岡市・ピクニック『渡辺通花緑会・柳家花緑独演会』…5回
●山形県東村山郡山辺町・やまのべ落語愛好会『やまのべ落語会・柳家花緑独演会』…5回
●千葉県館山市・オフィスまめかな『なんそう納涼寄席・花緑　夏の夜噺／
南総月見寄席　柳家花緑～秋の夜噺～・独演会』…6回
●千葉県千葉市・サンライズプロモーション東京『花緑ごのみ・柳家花緑独演会』…9回
●静岡県静岡市・江崎ホール・平澤寺ご家族『柳家花緑独演会』…15回
●静岡県静岡市『紅葉山庭園・駿府林泉花暦　花緑の夢空間・独演会』…14回

●静岡県浜松市・エンボス『柳家花緑独演会』…11回
●静岡県三島市『秋は三島市文化芸術協会主催・話芸の夕べ・独演会 18回 春は籾山好実さん他、世話人『柳家花緑独演会』…13回
●静岡県清水町『泉のまち古典芸能鑑賞会・柳家花緑独演会』…2回
●宮城県仙台市・夢空間『柳家花緑独演会』…8回
●茨城県水戸市・水戸芸術館主催『柳家花緑独演会』…4回
●長野県佐久市・佐久花緑会『柳家花緑独演会』…7回
●愛媛県松山市・お弁当作家の尾原聖名さん主催『菊花寄席・古今亭菊千代・柳家花緑二人会』…10回
●愛知県名古屋市・アスターミュージック『柳家花緑独演会』…18回
●大阪府大阪市・キョードー大阪『花緑ごのみ・柳家花緑独演会』
●埼玉県鴻巣市・鴻円会『鴻巣寄席・桂春雨・柳家花緑二人会』…161回
●埼玉県さいたま市・グループひこうき雲『与野なか花緑・柳家花緑独演会』…25回
●東京都三鷹市『みたか井心亭・柳家花緑独演会』…51回『星のホール・柳家花緑独演会』…10回

●東京都中央区銀座ブロッサム・立川企画『花緑飛翔・柳家花緑独演会』…11回
●東京都港区・立川企画『みなと毎月落語会　柳家花緑独演会』…12回
●東京都中央区日本橋人形町・オフィス380『人形町　花緑亭・柳家花緑独演会』…23回
●東京都多摩市聖ケ丘『ひじり寄席・柳家花緑独演会』…12回
●東京都中野区　なかのZEROホール・夢空間『柳家花緑独演会』…9回
●都内近郊色々・夢空間『柳の家の三人会・花緑・喬太郎・三三の会』
●東京都豊島区・ジュゲムスマイルズ『としま寄席』
六代目柳家小さん・花緑がレギュラー…40回
●東京都豊島区・日本女子大学附属豊明小学校六年生『学校寄席』…20回
●東京都豊島区立朋有小学校・道徳の時間『学校寄席』…6回
●東京都世田谷区・世田谷区立中町小学校4学生『学校寄席』…5回
●東京都中央区京橋・チームよいさ『きむら寄席・柳家花緑独演会』…18回
●横浜・湘南・新宿・朝日カルチャーセンター『柳家花緑独演会』…12回
●群馬県前橋市・赤城正観荘『柳家花緑独演会』…5回
●東京都豊島区・東長崎『長崎寄席』

●西武信金お客様の会・東京かわら版『西武お笑い寄席』
●神奈川県横浜市・横浜にぎわい座『柳家花緑・古今亭菊志ん二人会』…7回
『柳家花緑一門会』…7回
●神奈川県横浜市・神奈川県民ホール・ごらく茶屋
『県民ホール寄席・柳家花緑独演会』…10回
●神奈川県小田原市・小田原まちなか寄席実行委員会『柳家花緑独演会』…3回
●東京都新宿区・新宿末廣亭余一会夜席『柳家花緑独演会』…2回
●東京都目黒区・Soup Stock Tokyo『おいしい教室・落語と食のじかん』…2回
●東京都渋谷区・渋谷ヒカリエ・D&DEPARTMENT
『d47落語会』47都道府県の落語を披露する企画…17回
●東京都千代田区霞ヶ関・イイノホール・ミーアンドハーコーポレーション
『花緑ごのみ・柳家花緑独演会』…34回

心から皆さんに感謝の気持ちでいっぱいです。ありがとうございます！　ですが、お陰様でもちろんこれが全てではないんですね。会を重ねたもの、そして今でも続いているものを優先的にご紹介させていただきました。

お仕事を頂戴するのは、先輩からいただくものもあれば、突然、依頼を受けて伺うものもあり、どちらもご縁のある大事なお仕事です。その落語会を通して皆さんの前で落語がお届け出来るのです。ほんとうに有り難いことです。

そしてもうひとつ、落語家として大事なホームグラウンドといえば寄席です。**上野・鈴本演芸場。新宿末廣亭。浅草演芸ホール。池袋演芸場。国立演芸場。**そして**横浜にぎわい座。**

入門して見習いを経て前座になると寄席に通い出します。そこは今まで育てていただいた修行の場であり修行のあとも出演し続ける大切な場所です。

その修行が終わり二つ目に昇進すると、開演して3、4本目の出番で真打ちの先輩方の間で出演をする、40日間の二つ目のお披露目興行に緊張と嬉しさが混じります。

その後の精進のあと、真打ち昇進という運びになると、協会理事の師匠連に口上をいただき、はじめて寄席でトリを務めることが許されます。目標にしてきた真打ちですからとても嬉しいんです。

私も22歳の時に真打ちにさせていただき、まだ元気だった師匠の小さん、そして三遊亭圓歌師匠、古今亭志ん朝師匠、鈴々舎馬風師匠、柳家小三治師匠に大初日といわれる日に鈴本演芸場にて口上をいただき、40日間の披露興行がはじまりました。

そして昨年（2016年）は私の一番弟子の台所おさんが真打ち昇進を果たし、私も弟子の口上にはじめて並びました。師匠小さんの苦労がとっても分かった気がしました。

通常の寄席ですと15分で次の人にスッと「おあとがよろしいようで」と言うか言わないかは別にして！　次々交代していくのがふつうの出番。そして一番お終いのトリを務めることが真打ちの証。大きな看板に幟《のぼり》も立って、その日一番お終いに一番長くしゃべるのです。料理でいうメインディッシュです。

その寄席が団体戦のような感じならば、独演会が個人戦。そしてホール落語会では二人会、三人会、四人会なんかが流行りで、全国いろいろな場所でいろいろな芸人さんとの組み合わせで演らせていただいております。

そして都内と近郊のホール寄席もたくさんあって「落語研究会」「紀伊國屋寄席」「三越落語会」「東京落語会」「朝日名人会」「朝日いつかは名人会」「COREDO 落語会」「府中の森 笑劇場」「鎌倉芸術館の落語会」「JAL名人会の収録」「全日空寄席」「江戸川落語会」「草加落語会」「平成特選寄席」「下丸子らくご倶楽部」「深川落語倶楽部」。

都内にはまだまだ歴史あるホール落語会、そして新しいホール落語会がいっぱいあります。私も呼んでいただき出演させていただいております。

というわけで！　感謝したいことを挙げればほんとうに切りがありませんが、この辺でお開きにさせていただきます。

最後に今回のこの本を作るにあたって村上和雄先生、西本真司先生に、しきれない程の感謝を申し上げます。そして龍&アニキさん。それに亡き小林正観さんにはたくさんの生き方、モノの見方を教えていただきました。竹書房の辻井清さん、加藤威史さん、中山智映子さん。ライターの伊藤寛純さんにも編集に携わっていただき、発行までに長きお時間を頂戴し辛抱強くお付き合い下さいましたことを心より深く御礼申し上げます。

そしてお読みいただいた貴方に最大の感謝を込めて。

平成二九年七月　柳家花緑

参考文献

●『22世紀への伝言』著：小林正観（廣済堂出版）（他たくさんの著書を参考に）　●『スタンフォードのストレスを力に変える教科書』著：ケリー・マクゴニガル（大和書房）　●『さとりをひらくと人生はシンプルで楽になる』著：エックハルト・トール（徳間書店）　●『水からの伝言 vol・1／vol・2』著：江本勝（波動教育社）

寄席まで待てないそんな貴方に！

おまけのだじゃれ小噺100連発！

1●カエルが学校から帰るよ、ゲコー！

2●ニワトリがレッスンに通ってます。オケーコッコッコッ！　オケーコッコッコッ！

3●私、編み物世界一！　このセーター5分で編み上げたんです。／シュゲ〜！

4●（卓球の素振りをしながら）ねぇ、僕の趣味分かる？／卓球でしょ？／ピンポンピンポン！

5●この氷、硬くて噛めないよ、もう、こおりごおり！

6●アボカドはどこで売ってますかね？／アボカドを曲がって3軒目です！

7●お猿がソースを作りました。サルサルソース！

8●お猿がダンスを踊ったよ。サルウィーダンス！

9●お猿が怒ってます。なんかモンキーあんのか！

10●こん〜な大きなクワガタが追っかけてきたんだよ！／ほんとうに？／ああ〜とってもくわがった〜！

11●ただいま、オナラ宇宙人の住む、オナラ惑星に到着しました。

では外へ出てみます。(扉が)ウィーン……わ〜くせ〜!

12●ホタテ君はさ、どんな家に住んでんの。/……ほったて小屋。

13●スープが2段階にオナラをしました。す〜。ぷっ!

14●コスモスという花が電話してます。コスモース! あっ聞こえないんですけどコスモース!

15●電球が切れたので取りかえたら、電球にお礼を言われました。デンキューベリーマッチ!

16●日本アシカはさぁ…… 2本足かぁ……

17●このドジョウ食べてもいいっすか?/どうじょどうじょ〜!

18●ハンペンが謝ってます。どうもすいません。はんぺんしてください。

19●小っちゃな犬が挨拶してます。こんちわわ!

20●大根食いて〜!/ワシも大根が食べたいんじゃ!/私も大根が食べたい!/

え〜ご覧のように街はダイコンランになっております。

21●ハンガーは100mを8秒で走るんだってさ!/さすがハンガー、かけるのが得意なんだねぇ!

22●ホウキにお酒を飲ませたら酔っ払っちゃって、今そこで「はいて」ます。

23●私は、バケツ君が大好きです。よく私の意見をくんでくれます。

24●ブタみたいな顔した人はさぁ、直ぐいなくなるんだよ!/トンズラしたんだ!

25●いなり寿司さんはさ、おしゃれだよね！　いつもいいなりしてるよね。その服は自分で選ぶの？／んーんー、かみさんのいいなり。

26●ドラム缶が道にあって邪魔でした。あっすいません、ちょっとどいてくれませんか？／ワシはドカン！

27●あの～このウニには親が2人います。育ての親とウニの親！

28●お寺のお坊さんが言いました。もくぎょを叩くことを一生懸命やります。これが今月のモクギョーです。モクギョーを高くもって！　開催は毎週モクギョー日です！

29●うちの旅館はわたくし一人で切り盛りさせていただいております。従業員はおりませんの。一匹女将！

30●カニさん！　助けてくれてありがとう！　ああ～せめてお名前を……／タラバじゃ～！

31●ミキサーでジュースを作ったのは、キミサー！

32●将軍様が走ってます。拙者《せっしゃ》、先をいしょうぐんですー！

33●ギョウ虫が猛勉強してます。シー！　いま、授業中《じゅぎょうちゅう》ですから。

34●ママが作ったつくね！　高くつくね～。／嘘つくねぇ～。それにしても量がつくね～なぁ！

35●ミミガーって言われてもさぁ、よくミミガァ分かりません。

36●屋根の上でイタズラしているオットセー、叩きオットセー！

37●007がお蕎麦をすすってます。ズルズルセブン！

38●オーボエくん！　君ねぇ音が小さいから、もっとオーボエで叫ぼうよ！／はい、よくオーボエときます。

39●いま所沢へ行くところざわ〜！

40●素人さんは、何もしろうとしない！

41●この魚もらって4日経ったよー！／じゃ、やめよっか！

42●あれ？　マスターがいないよ！／さっき帰りマスター！

43●無礼な少年です。ブレイボーイ！

44●ダニだらけの少年です。ダニー・ボーイ！

45●この本、表紙がなくって、ひょうしぬけした？／いや〜ブックらした！

46●このマッチはほんとうにあなたのでマッチがえないんですねー！！！／燃えてますねぇ！

47●んっ！　これいつもの豆と違うな。／さすがビーンかんだね！

48●サメは泳ぎがジョーズです。スゴイ！　おジョーズー！／そんなことないよ／……サメてるね。

49●我が国の首相は、履物《はきもの》を集めるのが趣味です。ぞうり大臣！

50●あそこんちの兄弟はとんでもない、ないよ！／うん、そうお？／
道を歩く時に、右側しか歩かないって！／ああ～ライト兄弟！

51●転んでる虫がいるよ！　てんとう虫！

52●うわ～冷てー！　このペンから水が出てきたよ！／しょんペンしたんだね。

53●うちは、お姉ちゃんと私の二人姉妹！　これでおしまい！

54●人参は泣き虫です。ほら、もう涙がにんじんでます。

55●カキとミカンとリンゴ！　みっつの果物が野球をやった！
ホームランを打ったのは誰でしょうか？　答えは、カキーん！

56●長い靴がなんか言ってます。ブーツブーツ言ってます。

57●メガネが悪ふざけしました。度《ど》がすぎました！

58●暖房の利いた部屋にいたら、大人しい人がだんぼう者になった。

59●オクラがみんなで歌っています。♪オークラはみんな～い～きている～♪

60●ウニも歌ってます。♪う～に～は～広い～な～大きいな～♪

61●本が古くなったので、洗ってみたら泡がブックブック出てきた！

62●イクラは夢を持ってます。い～暮らしがしたいなぁ！

63●アヒルは朝も夜も食べません。アヒルご飯だけいただきます！

64●コウモリくんねぇ、洞窟から全然出てこないよ！　あれが、ひきこうもり。

65●カラスミが、ここで締めのご挨拶！　カラスミからすみまで、ズズズイート！

66●ヤスリは身を削って働いております。疲れましたのでお先に！　おヤスリなさ〜い！

67●鮎は英語で挨拶します。ハウアーユー！

68●サボテンくんは今日も仕事をしません。……サボってんの！

69●心ここにアラブ！

70●フレディ・マーキュリーも売り出しの頃は叩かれました。出るクイーンは打たれる。

71●大変だ！　リンゴちゃんが溺れてる！　ア〜ップル、ア〜ップル！

72●僕イスです。歌が大好きです。では、ここでいっきゃく歌います！

73●大きなギターです！　……重たすぎたー！

74●今年は早くも初夏です。♪せまる〜ショカー♪

75●蓮が御礼を言ってます。ありがとうございハス！　茄子も御礼を言ってます。
ありがとうございナス！　鼠も御礼を言ってます。ありがとうございマウス！

76●掃除機を盗んだのはワシだ！　ごめんなさい！　そのかわりこの掃除機で町中を掃除します。

町ではこの老人を、そーじき爺さんと呼んでます。

77●私、人前に出るのが苦手なんです。つらいと住んでる家も引っ越しちゃいます。ひっこし思案。

78●さぁ、今日は鶏肉を使った料理です。ああ……そんなところに置いてあるとトリニク～い！

79●あさりは、夜中に飯を食うんですね。よく冷蔵庫をあさります。

80●しじみは、怒られてばっかし！　だから小さいんです。身がしじみます！

81●このみかんは、まだ完成していないんです。未完成です！

82●私は豆な男です。／この荷物あづきますか？／

いえいえこれは自分で持ちます。だいずな物ですから！

83●冬は、寒いからさ！　もう毛布にボタン付けて着てるんだよ。／それはオーバーだな！

84●パンツが1枚しかないんだよ！　もう1週間も穿《は》いている。

洗っちゃうと着るものないし、どうしようかなぁ……せんたくを迫られています。

85●鮭は、とっても早起きなんだって！／どうして？／早起きはサーモンの得と言って……。

86●新しい宗教を開きました。そしたらジャガイモがたくさん集まって来ちゃった！

しんじゃがやって来た！

87●相撲部の給食当番がサボってます。もう、ちゃんこしてくださ～い！

88●ロシアの大統領が、どう気・息切れ・めまいに襲われました。♪プ〜チンプーチン♪

89●美空ひばりさんは、炭酸飲料を飲むと愛を感じるんだって。♪愛〜たんさんと〜♪

90●ゆとりのある暮らしをしましょう〜！／あなたのゆ〜と〜りです！

91●イクラちゃんがパソコンはじめたよ！　ヤーフー！

92●街中を赤いスーツで、老若男女を誘います。郵便ホスト！

93●今日は、真アジを使った料理です。マージー！

94●ズルズル〜！　ズルズル〜！　アレ？　この長崎チャンポン屋、あっちこっちから、うどんをすする音が聞こえるよ！　5・1皿うどんシステム！

95●秋葉原から出前に来ました！　メイド〜コスプレで〜す！

96●ウンチが何やら断ってます。ムリムリムリムリムリ〜。

97●キツツキが悪口を言われました。とってもキツツキました。

98●外科の先生、実はつっぱりでした。スケバンゲカ！

99●ハンカチくん！　今回は君の勝ちだ。僕はまだまだだな。／バンダナくん！　次は君のバンダナ！

100●やりたい放題の人生をアメリカで送ったマジシャン。プリンセスはてんこう！

QRコードをスマホで読み込む方法

❶特典頁のQRコードを読み込むには、専用のアプリが必要です。機種によっては最初からインストールされているものもありますから、確認してみてください。

❷お手持ちのスマホにQRコード読み取りアプリがなければ、iPhoneは「App Store」から、Androidは「Google play」からインストールしてください。「QRコード」や「バーコード」などで検索すると多くの無料アプリが見つかります。アプリによってはQRコードの読み取りが上手くいかない場合がありますので、いくつか選んでインストールしてください。

❸アプリを起動すると、カメラの撮影モードになる機種が多いと思いますが、それ以外のアプリの場合、QRコードの読み込みといった名前のメニューがあると思いますので、そちらをタップしてください。

❹次に、画面内に大きな四角の枠が表示されます。その枠内に収まるようにQRコードを写してください。上手に読み込むコツは、枠内に大きめに納めること、被写体との距離を調節してピントを合わせることです。

※読み取れない場合は、QRコードが四角い枠からはみ出さないように、かつ大きめに、ピントを合わせて写してください。それと、手ぶれも読み取りにくくなる原因ですので、なるべくスマホを動かさないようにしてください。

※コンテンツのダウンロードにはデータ通信費が発生します。

本書読者のための特別配信コンテンツ

**「柳家花緑
おまけのだじゃれ小噺100連発!」**

制作:竹書房
録音:加藤威史(竹書房)　配信:小倉真一

パスワード **16323**

※上記コンテンツは予告なく削除されることがあります。

柳家花緑（やなぎや　かろく）

1971年東京生まれ。本名・小林九。落語家。9歳の頃より落語を始め1987年3月、中学卒業後、祖父である故・五代目柳家小さんに入門。1994年、戦後最年少の22歳で真打昇進。スピード感溢れる歯切れの良い語り口が人気で、古典落語はもとより、劇作家などによる新作落語にも意欲的に取り組んでいる。着物と座布団という古典落語の伝統を守りつつも、近年では47都道府県落語などを洋服と椅子という現代スタイルで口演する〝同時代落語〟にも取り組んでおり、落語の新しい未来を切り拓く旗手として注目の存在である。他ジャンルからのオファーも多く、番組の司会やナビゲーター・俳優としても活躍中。HP：http://www.me-her.co.jp/profile/karoku/

竹書房新書043
花緑の幸せ入門
「笑う門には福来たる」のか？
スピリチュアル風味～

二〇一七年八月十一日初版第一刷発行　検印廃止
二〇一九年十一月二十五日初版第三刷発行

著者　柳家花緑
発行人　後藤明信
発行所　株式会社竹書房
〒一〇二－〇〇七二
東京都千代田区飯田橋二－七－三
電話　〇三－三二六四－一五七六（代表）
電話　〇三－三二三四－四八二一（編集）
印刷所　凸版印刷株式会社
装幀　米谷テツヤ

ISBN978-4-8019-1174-1-C0276
定価はカバーに表示しています。
落丁・乱丁本は当社までお問い合わせください。

竹書房の落語関連書籍

立川談志 まくらコレクション
談志が語った〝ニッポン〟の業
立川談志／構成 和田尚久

立川談志の落語に禁句はない！ 天才落語家・立川談志が〝まくら〟で斬った昭和のあの事件、平成のあの出来事が、文庫で味わえる。QRコードの音声配信落語三席付！ 続編も発売中！

文庫判
830

立川談志 まくらコレクション
夜明けを待つべし
立川談志／構成 和田尚久

落語とは、幸福とは、常識とは、社会とは、人間とは、森羅万象の本質を語る珠玉の話芸。最円熟期に語られた〝立川談志の業〟をイッキ読みする！ QRコードの音声配信落語三席付！

文庫判
800

落語三昧！
古典落語 名作・名演・トリヴィア集
柳亭市馬 他

コミック『昭和元禄落語心中』に登場した八席に現・落語協会会長の柳亭市馬の『阿武松』を加えた全九演目！口演を読み、QRコードの音声配信で聴き、対談コラムでトリヴィアを知る！

四六判
900

古典落語
知っているようで知らない噺のツボ
柳家花緑／桃月庵白酒／三遊亭兼好／十郎ザエモン

知っていればもっと古典落語が面白くなる「噺のツボ」＝江戸時代の言葉や歴史的教養を知って、古典落語を心底楽しむ！ オチの理由、噺の背景、江戸の常識。QRコードの音声配信落語九席付！

四六判
1200